心一堂術數古籍珍本叢刊

書名：冰鑑集
系列：心一堂術數古籍珍本叢刊　相術類　第二輯　149
作者：【民國】碧湖鷗客　撰
主編、責任編輯：陳劍聰
心一堂術數古籍珍本叢刊編校小組：陳劍聰　素聞　梁松盛　鄒偉才　虛白盧主

出版：心一堂有限公司
通訊地址：香港九龍旺角彌敦道六一〇號荷李活商業中心十八樓〇五—〇六室
深港讀者服務中心·中國深圳市羅湖區立新路六號羅湖商業大廈負一層〇〇八室
電話號碼：(852)67150840
網址：publish.sunyata.cc
電郵：sunyatabook@gmail.com
網店：http://book.sunyata.cc
淘寶店地址：https://shop210782774.taobao.com
微店地址：https://weidian.com/s/1212826297
臉書：https://www.facebook.com/sunyatabook
讀者論壇：http://bbs.sunyata.cc/

版次：二零一七年九月初版
平裝

定價：港幣　一百五十元正
　　　新台幣　五百九十八元正

國際書號：ISBN 978-988-8317-74-5

香港發行：香港聯合書刊物流有限公司
地址：香港新界大埔汀麗路36號中華商務印刷大廈3樓
電話號碼：(852)2150-2100
傳真號碼：(852)2407-3062
電郵：info@suplogistics.com.hk

台灣發行：秀威資訊科技股份有限公司
地址：台灣台北市內湖區瑞光路七十六巷六十五號一樓
電話號碼：+886-2-2796-3638
傳真號碼：+886-2-2796-1377
網絡書店：www.bodbooks.com.tw
台灣國家書店讀者服務中心：
地址：台灣台北市中山區松江路二〇九號一樓
電話號碼：+886-2-2518-0207
傳真號碼：+886-2-2518-0778
網絡書店：http://www.govbooks.com.tw

中國大陸發行　零售：深圳心一堂文化傳播有限公司
深圳地址：深圳市羅湖區立新路六號羅湖商業大廈負一層〇〇八室
電話號碼：(86)0755-82224934

心一堂微店二維碼

心一堂淘寶店二維碼

心一堂術數古籍 珍本整理 叢刊 總序

術數定義

術數，大概可謂以「推算（推演）、預測人（個人、群體、國家等）、事、物、自然現象、時間、空間方位等規律及氣數，並或通過種種『方術』，從而達致趨吉避凶或某種特定目的」之知識體系和方法。

術數類別

我國術數的內容類別，歷代不盡相同，例如《漢書・藝文志》中載，漢代術數有六類：天文、曆譜、五行、蓍龜、雜占、形法。至清代《四庫全書》，術數類則有：數學、占候、相宅相墓、占卜、命書、相書、陰陽五行、雜技術等，其他如《後漢書・方術部》、《藝文類聚・方術部》、《太平御覽・方術部》等，對於術數的分類，皆有差異。古代多把天文、曆譜、及部分數學均歸入術數類，而民間流行亦視傳統醫學作為術數的一環；此外，有些術數與宗教中的方術亦往往難以分開。現代民間則常將各種術數歸納為五大類別：命、卜、相、醫、山，通稱「五術」。

本叢刊在《四庫全書》的分類基礎上，將術數分為九大類別：占筮、星命、相術、堪輿、選擇、三式、讖諱、理數（陰陽五行）、雜術（其他）。而未收天文、曆譜、算術、宗教方術、醫學。

術數思想與發展——從術到學，乃至合道

我國術數是由上古的占星、卜筮、形法等術發展下來的。其中卜筮之術，是歷經夏商周三代而通過「龜卜、蓍筮」得出卜（筮）辭的一種預測（吉凶成敗）術，之後歸納並結集成書，此即現傳之《易

經》。經過春秋戰國至秦漢之際，受到當時諸子百家的影響、儒家的推崇，遂有《易傳》等的出現，原本是卜筮術書的《易經》，被提升及解讀成有包涵「天地之道（理）」之學。因此，《易・繫辭傳》曰：「易與天地準，故能彌綸天地之道。」

漢代以後，易學中的陰陽學說，與五行、九宮、干支、氣運、災變、律曆、卦氣、讖緯、天人感應說等相結合，形成易學中象數系統。而其他原與《易經》本來沒有關係的術數，如占星、形法、選擇，亦漸漸以易理（象數學說）為依歸。《四庫全書・易類小序》云：「術數之興，多在秦漢以後。要其旨，不出乎陰陽五行，生尅制化。實皆《易》之支派，傳以雜說耳。」至此，術數可謂已由「術」發展成「學」。

及至宋代，術數理論與理學中的河圖洛書、太極圖、邵雍先天之學及皇極經世等學說給合，通過術數以演繹理學中「天地中有一太極，萬物中各有一太極」（《朱子語類》）的思想。術數理論不單已發展至十分成熟，而且也從其學理中衍生一些新的方法或理論，如《梅花易數》、《河洛理數》等。

在傳統上，術數功能往往不止於僅僅作為趨吉避凶的方術，及「能彌綸天地之道」的學問，亦有其「修心養性」的功能，「與道合一」（修道）的內涵。《素問・上古天真論》：「上古之人，其知道者，法於陰陽，和於術數。」數之意義，不單是外在的算數、歷數、氣數，而是與理學中同等的「道」、「理」--心性的功能，北宋理氣家邵雍對此多有發揮：「聖人之心，是亦數也」、「萬化萬事生乎心」、「心為太極」。《觀物外篇》：「先天之學，心法也。……蓋天地萬物之理，盡在其中矣，心一而不分，則能應萬物。」反過來說，宋代的術數理論，受到當時理學、佛道及宋易影響，認為心性本質上是等同天地之太極。天地萬物氣數規律，能通過內觀自心而有所感知，即是內心也已具備有術數的推演及預測、感知能力；相傳是邵雍所創之《梅花易數》，便是在這樣的背景下誕生。

《易・文言傳》已有「積善之家，必有餘慶；積不善之家，必有餘殃」之說，至漢代流行的災變說及讖緯說，我國數千年來都認為天災，異常天象（自然現象），皆與一國或一地的施政者失德有關；下至家族、個人之盛衰，也都與一族一人之德行修養有關。因此，我國術數中除了吉凶盛衰理數之外，人心的德行修養，也是趨吉避凶的一個關鍵因素。

術數與宗教、修道

在這種思想之下，我國術數不單只是附屬於巫術或宗教行為的方術，又往往是一種宗教的修煉手段——通過術數，以知陰陽，乃至合陰陽（道）。「其知道者，法於陰陽，和於術數。」例如，「奇門遁甲」術中，即分為「術奇門」與「法奇門」兩大類。「法奇門」中有大量道教中符籙、手印、存想、內煉的內容，是道教內丹外法的一種重要外法修煉體系。甚至在雷法一系的修煉上，亦大量應用了術數內容。此外，相術、堪輿術中也有修煉望氣（氣的形狀、顏色）的方法；堪輿家除了選擇陰陽宅之吉凶外，也有道教中選擇適合修道環境（法、財、侶、地中的地）的方法，以至通過堪輿術觀察天地山川陰陽之氣，亦成為領悟陰陽金丹大道的一途。

易學體系以外的術數與的少數民族的術數

我國術數中，也有不用或不全用易理作為其理論依據的，如揚雄的《太玄》、司馬光的《潛虛》。也有一些占卜法、雜術不屬於《易經》系統，不過對後世影響較少而已。

外來宗教及少數民族中也有不少雖受漢文化影響（如陰陽、五行、二十八宿等學說。）但仍自成系統的術數，如古代的西夏、突厥、吐魯番等占卜及星占術，藏族中有多種藏傳佛教占卜術、苯教占卜術、擇吉術、推命術、相術等；北方少數民族有薩滿教占卜術；不少少數民族如水族、白族、布朗族、佤族、彝族、苗族等，皆有占雞（卦）草卜、雞蛋卜等術，納西族的占星術、占卜術，彝族畢摩的推命術、占卜術……等等，都是屬於《易經》體系以外的術數。相對上，外國傳入的術數以及其理論，對我國術數影響更大。

曆法、推步術與外來術數的影響

我國的術數與曆法的關係非常緊密。早期的術數中，很多是利用星宿或星宿組合的位置（如某星在某州或某宮某度）付予某種吉凶意義，并據之以推演，例如歲星（木星）、月將（某月太陽所躔之宮次）等。不過，由於不同的古代曆法推步的誤差及歲差的問題，若干年後，其術數所用之星辰的位置，已與真實星辰的位置不一樣了；此如歲星（木星），早期的曆法及術數以十二年為一周期（以應地支），與木星真實周期十一點八六年，每幾十年便錯一宮。後來術家又設一「太歲」的假想星體來解決，是歲星運行的相反，週期亦剛好是十二年。而術數中的神煞，很多即是根據太歲的位置而定。又如六壬術中的「月將」，原是立春節氣後太陽躔娵訾之次而稱作「登明亥將」，至宋代，因歲差的關係，要到雨水節氣後太陽才躔娵訾之次，當時沈括提出了修正，但明清時六壬術中「月將」仍然沿用宋代沈括修正的起法沒有再修正。

由於以真實星象周期的推步術是非常繁複，而且古代星象推步術本身亦有不少誤差，大多數術數除依曆書保留了太陽（節氣）、太陰（月相）的簡單宮次計算外，漸漸形成根據干支、日月等的各自起例，以起出其他具有不同含義的眾多假想星象及神煞系統。唐宋以後，我國絕大部分術數都主要沿用這一系統，也出現了不少完全脫離真實星象的術數，如《子平術》、《紫微斗數》、《鐵版神數》等。後來就連一些利用真實星辰位置的術數，如《七政四餘術》及選擇法中的《天星選擇》，也已與假想星象及神煞混合而使用了。

隨着古代外國曆（推步）、術數的傳入，如唐代傳入的印度曆法及術數，元代傳入的回回曆等，其中我國占星術便吸收了印度占星術中羅睺星、計都星等而形成四餘星，又通過阿拉伯占星術而吸收了其中來自希臘、巴比倫占星術的黃道十二宮、四大（四元素）學說（地、水、火、風），並與我國傳統的二十八宿、五行說、神煞系統並存而形成《七政四餘術》。此外，一些術數中的北斗星名，不用我國傳統的星名：天樞、天璇、天璣、天權、玉衡、開陽、搖光，而是使用來自印度梵文所譯的：貪狼、巨門、祿存、文曲，廉貞、武曲、破軍等，此明顯是受到唐代從印度傳入的曆法及占星術所影響。如星命術中的《紫微斗數》及堪輿術中的《撼龍經》等文獻中，其星皆用印度譯名。及至清初《時憲曆》，置閏之法則改用西法「定氣」。清代以後的術數，又作過不少的調整。

此外，我國相術中的面相術、手相術，唐宋之際受印度相術影響頗大，至民國初年，又通過翻譯歐西、日本的相術書籍而大量吸收歐西相術的內容，形成了現代我國坊間流行的新式相術。

陰陽學——術數在古代、官方管理及外國的影響

術數在古代社會中一直扮演着一個非常重要的角色，影響層面不單只是某一階層、某一職業、某一年齡的人，而是上自帝王，下至普通百姓，從出生到死亡，不論是生活上的小事如洗髮、出行等，大事如建房、入伙、出兵等，從個人、家族以至國家，從天文、氣象、地理到人事、軍事，從民俗、學術到宗教，都離不開術數的應用。我國最晚在唐代開始，已把以上術數之學，稱作陰陽（學），行術數者稱陰陽人。（敦煌文書、斯四三二七唐《師師漫語話》：「以下說陰陽人謾語話」，此說法後來傳入日本，今日本人稱行術數者為「陰陽師」）。一直到了清末，欽天監中負責陰陽術數的官員中，以及民間術數之士，仍名陰陽生。

古代政府的中欽天監（司天監），除了負責天文、曆法、輿地之外，亦精通其他如星占、選擇、堪輿等術數，除在皇室人員及朝庭中應用外，也定期頒行日書、修定術數，使民間對於天文、日曆用事吉凶及使用其他術數時，有所依從。

我國古代政府對官方及民間陰陽學及陰陽官員，從其內容、人員的選拔、培訓、認證、考核、律法監管等，都有制度。至明清兩代，其制度更為完善、嚴格。

宋代官學之中，課程中已有陰陽學及其考試的內容。（宋徽宗崇寧三年〔一一零四年〕崇寧算學令：「諸學生習……並曆算、三式、天文書。」「諸試……三式即射覆及預占三日陰陽風雨。天文即預

定一月或一季分野災祥，並以依經備草合問為通。」

金代司天臺，從民間「草澤人」（即民間習術數人士）考試選拔：「其試之制，以《宣明曆》試推步，及《婚書》、《地理新書》試合婚、安葬，並《易》筮法，六壬課、三命、五星之術。」（《金史》卷五十一・志第三十二・選舉一）

元代為進一步加強官方陰陽學對民間的影響、管理、控制及培育，除沿襲宋代、金代在司天監掌管陰陽學及中央的官學陰陽學課程之外，更在地方上增設陰陽學課程（《元史・選舉志一》：「世祖至元二十八年夏六月始置諸路陰陽學。」）地方上也設陰陽學教授員，培育及管轄地方陰陽人。（《元史・選舉志一》：「（元仁宗）延祐初，令陰陽人依儒醫例，於路、府、州設教授員，凡陰陽人皆管轄之，而上屬於太史焉。」）自此，民間的陰陽術士（陰陽人），被納入官方的管轄之下。

至明清兩代，陰陽學制度更為完善。中央欽天監掌管陰陽學，明代地方縣設陰陽學正術，各州設陰陽學典術，各縣設陰陽學訓術。陰陽人從地方陰陽學肄業或被選拔出來後，再送到欽天監考試。（《大明會典》卷二二三：「凡天下府州縣舉到陰陽人堪任正術等官者，俱從吏部送（欽天監），考中，送回選用；不中者發回原籍為民，原保官吏治罪。」）清代大致沿用明制，凡陰陽術數之流，悉歸中央欽天監及地方陰陽官員管理、培訓、認證。至今尚有「紹興府陰陽印」、「東光縣陰陽學記」等明代銅印，及某某縣某某之清代陰陽執照等傳世。

清代欽天監漏刻科對官員要求甚為嚴格。《大清會典》「國子監」規定：「凡算學之教，設肄業生。滿洲十有二人，蒙古、漢軍各六人，於各旗官學內考取。漢十有二人，於舉人、貢監生童內考取。附學生二十四人，由欽天監選送。教以天文演算法諸書，五年學業有成，舉人引見以欽天監博士用，貢監生童以天文生補用。」學生在官學肄業、貢監生肄業或考得舉人後，經過了五年對天文、算法、陰陽學的學習，其中精通陰陽術數者，會送往漏刻科。而在欽天監供職的官員，《大清會典則例》「欽天監」規定：「本監官生三年考核一次，術業精通者，保題升用。不及者，停其升轉，再加學習。如能黽勉供職，即予開復。仍不及者，降職一等，再令學習三年，能習熟者，准予開復，仍不能者，黜退。」除定期考核以定其升用降職外，《大清律例》中對陰陽術士不準確的推斷（妄言禍福）是要治罪的。《大清律例·一七八·術七·妄言禍福》：「凡陰陽術士，不許於大小文武官員之家妄言禍福，違者杖一百。其依經推算星命卜課，不在禁限。」大小文武官員延請的陰陽術士，自然是以欽天監漏刻科官員或地方陰陽官員為主。

官方陰陽學制度也影響鄰國如朝鮮、日本、越南等地，一直到了民國時期，鄰國仍然沿用着我國的多種術數。而我國的漢族術數，在古代甚至影響遍及西夏、突厥、吐蕃、阿拉伯、印度、東南亞諸國。

術數研究

術數在我國古代社會雖然影響深遠，「是傳統中國理念中的一門科學，從傳統的陰陽、五行、九宮、八卦、河圖、洛書等觀念作大自然的研究。……傳統中國的天文學、數學、煉丹術等，要到上世紀中葉始受世界學者肯定。可是，術數還未受到應得的注意。術數在傳統中國科技史、思想史，文化史、社會史，甚至軍事史都有一定的影響。……更進一步了解術數，我們將更能了解中國歷史的全貌。」（何丙郁《術數、天文與醫學中國科技史的新視野》，香港城市大學中國文化中心。）

可是術數至今一直不受正統學界所重視，加上術家藏秘自珍，又揚言天機不可洩漏，「（術數）乃吾國科學與哲學融貫而成一種學說，數千年來傳衍嬗變，或隱或現，全賴一二有心人為之繼續維繫，賴以不絕，其中確有學術上研究之價值，非徒癡人說夢，荒誕不經之謂也。其所以至今不能在科學中成立一種地位者，實有數因。蓋古代士大夫階級目醫卜星相為九流之學，多恥道之；而發明諸大師又故為惝恍迷離之辭，以待後人探索；間有一二賢者有所發明，亦秘莫如深，既恐洩天地之秘，復恐譏為旁門左道，始終不肯公開研究，成立一有系統說明之書籍，貽之後世。故居今日而欲研究此種學術，實一極困難之事。」（民國徐樂吾《子平真詮評註》，方重審序）

現存的術數古籍，除極少數是唐、宋、元的版本外，絕大多數是明、清兩代的版本。其內容也主要是明、清兩代流行的術數，唐宋或以前的術數及其書籍，大部分均已失傳，只能從史料記載、出土文獻、敦煌遺書中稍窺一鱗半爪。

術數版本

坊間術數古籍版本，大多是晚清書坊之翻刻本及民國書賈之重排本，其中豕亥魚魯，或任意增刪，往往文意全非，以至不能卒讀。現今不論是術數愛好者，還是民俗、史學、社會、文化、版本等學術研究者，要想得一常見術數書籍的善本、原版，已經非常困難，更遑論如稿本、鈔本、孤本等珍稀版本。在文獻不足及缺乏善本的情況下，要想對術數的源流、理法、及其影響，作全面深入的研究，幾不可能。

有見及此，本叢刊編校小組經多年努力及多方協助，在海內外搜羅了二十世紀六十年代以前漢文為主的術數類善本、珍本、鈔本、孤本、稿本、批校本等數百種，精選出其中最佳版本，分別輯入兩個系列：

一、心一堂術數古籍珍本叢刊

二、心一堂術數古籍整理叢刊

前者以最新數碼（數位）技術清理、修復珍本原本的版面，更正明顯的錯訛，部分善本更以原色彩色精印，務求更勝原本。并以每百多種珍本、一百二十冊為一輯，分輯出版，以饗讀者。

後者延請、稿約有關專家、學者，以善本、珍本等作底本，參以其他版本，古籍進行審定、校勘、注釋，務求打造一最善版本，方便現代人閱讀、理解、研究等之用。

限於編校小組的水平，版本選擇及考證、文字修正、提要內容等方面，恐有疏漏及舛誤之處，懇請方家不吝指正。

心一堂術數古籍　珍本　整理　叢刊編校小組

二零零九年七月序

二零一四年九月第三次修訂

丁卯九月

冰鑑集

雙清居士

自序

相非小道也。自古有之。黃帝生而能言。龍顏有聖德。堯眉八采。舜目重瞳。禹耳三漏。文王四乳。仲尼面如蒙倛。周公身如斷菑。此見於書者也。由是春秋時或以手文字其子。如宋仲子魯季友。或以骨法定禍福。如食子收子之談。周秦之際有唐舉。楚漢之間稱許負。皆吾古代相術發達之迹。迨漢姑布子卿。魏管輅。晉陳訓。唐袁天綱。宋麻衣。陳摶。元鐵冠。明柳莊。尤能闡發秘蘊。以善相名於時。而其道益昌焉。嗣後代有傳人。及清之季世。世風澆薄。多有挾術行四方者。相之眞源漸失。世之信仰亦漸衰。近年內亂不已。生計日絀。恃星相餬口者。徧天下。多浮言無根。腴詞詐財。故人多鄙棄不齒。以江湖目之。而數千年相之眞源。寖以微滅。吾不能無感焉。觀夫日本相法。皆宗於我。近則推陳出新。時有聞人。泰西相術。與哲學幷重。各大學相書出版者。悉能剖晰義蘊。探賾窮幽。其進步之速。視我之濡滯。爲如何耶。且觀人觀己。交友用人四者。爲吾人一日不可離之達德。而惟相之學能盡之。自古賢者。恆不遇。不賢者比肩靑紫。惟善相者。明於富貴窮通之道。雖在窮約。不改其樂。此即聖賢達天知命之論也。擇其人而仕。非其人則去。

可交則交。不可交則止。以貌取人。失之子羽。更何患焉。秉鈞當軸。賢智不肖。紛紜晉接。持相以衡之。奸險無所廋。舉措各得其宜。而天下蒙其利。即所謂觀人觀己。交友用人者也。又可忽乎哉。使人人而知相。則人人於此四者有所得。不僅相法昌明。有益於立身處世。豈鮮淺哉。惟相書行世者。或偏於一說。或失於繁簡。龐雜。若夫麻衣偏於掌法。水鏡偏於氣色。柳莊偏於骨格。神相彙編失於繁。太清神鑑玉管照神局月波洞中經太乙照神經失於簡。相理衡眞失於龐雜。至坊間流行之本。大率雷同沿襲。其能推闡啓發者。殊不可得。使學者不能貫穿一致。予有鑒於此。爰彙集諸書。并取古相法秘藉。類輯成編。分爲四章。曰面相掌相。色相心相。更於朝野士大夫。擇其尤者百數十人。詳論其行運得失。彙成二卷。名曰冰鑑集。以供言相者參考。愛研究者。亦可得進修之路。丁卯秋。碧湖鷗客戲墨。

例言

（一）本書志在發揚學理。公諸同好。非欲巧言衒技。爲少年進身之階。腆詞成書。作老去沿門之缽

（二）卷上係選輯古代各家相法精華。爲研究相術之捷徑

（三）卷下係本素對於朋好。或現代名人。每於無形中留心窺其面掌色心四相。根據古代相家學說。益以管見所及。斷其行運榮枯。非若江湖術士。恃模稜爲秘訣。以諂媚爲經驗可比

（四）本書倉猝付印。未暇縝密研究。且限於篇幅。致現代要人。未列入者尚多。應俟續編時。再加增補修訂。海內賢豪。幸曲諒之

冰鑑集

碧湖鷗客著

目次

冰鑑集卷下

目次

相之總論

夫人之生也。禀天地陰陽之氣不同。故聲容笑貌性情思想亦異焉。但觀人之相。當先相其面。次相其掌。再相其色。更相其心。乃能察面部之盈虧。掌宮之厚薄。氣色之吉凶。心田之善惡。貫而爲一。權衡重輕。其於富貴貧賤。壽夭窮通。榮枯得失之間。明如觀火。庶可以言相。相而有奇驗焉。不然。觀面而不觀掌。相色而不相心。縱能偶驗於一時。若卜終身休咎。吾未見其可也。何以言之。觀夫斷養之賤。未嘗無方面大耳之貌也。貧販之庸。未嘗無八宮平滿之掌也。窮愁之士。未嘗無揚眉吐氣之色也。草莽之盜。未嘗無仁厚忠義之心也。倘相其一。廢其三。何足斷其爲斷養之賤。貧販之庸。窮愁之士。草莽之盜者哉。本此旨。分相爲四章。曰面相。曰掌相。曰色相。曰心相。以供世之言相者。參考焉。

第一章　面相總論　（附流年運氣部位圖）

面爲儀表。分爲百部。上取三才。下配五岳。俯仰天地之位。辨察內外之行。上停隆滿。主少年有爲。中停豐厚。主中年振作。下停朝拱。主晚年福祿。故天庭宜起。司空宜隆。中正宜廣。印堂宜寬。眉色宜秀。眼光宜神。山根宜挺。年壽宜匀。

流年運氣部位圖

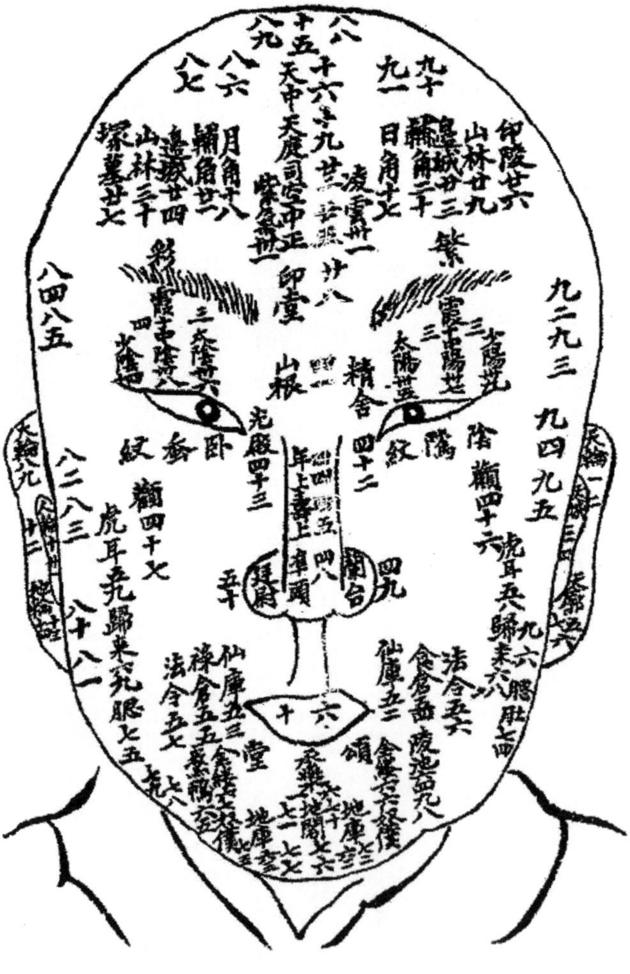

顴準宜豐。人中宜深。蘭廷宜滿。法令宜正。地閣宜朝。倉庫宜盈。面部諸善。何以加茲。若夫紫芝眉宇。春栁風姿。取其秀也。松挺鶴立。風覩雲形。取其清也。頭角奇特。麒麟作勢。取其古也。山石嵯峨。奇巖崔巍。取其怪也。風度端凝。聲容整飭。取其正也。何郎傅粉。杜義凝脂。取其美也。麞頭鼠目。龐眉權顴。取其醜也。近取遠徵。象形會意。發揮秘蘊。庶可言面相矣。

相面

面有六曜五星。頭爲火星。左耳爲金星。右耳爲木星。鼻爲土星。左眉爲羅睺。右眉爲計都。口爲水星。左眼爲太陽。右眼爲太陰。眉中爲紫炁。山根爲月孛。面有六府。頭骨爲上兩府。顴骨爲中兩府。頤骨爲下兩府。面有三停。髮際至眉爲上停。眉至準頭爲中停。準頭至地閣爲下停。若夫眉疎眼秀。氣清逸。則爲仕宦。皮麁肉重。氣混濁。則爲農商。骨巧肉薄。則爲工。煞氣透達則爲將。形神正而氣色不開者。始貧而後富。氣色嫩而形神不藏者。始富而後貧。甚或面起重城。權位驚人。面大鼻小。操勞至老。面闊頭尖。財耗萬千。面薄無腮。命運窮衰。面皮繃鼓。難言爲友。面橫骨反。賤賊凶貪。面後見腮。陰毒陰壞。面粗身細。福祿延綿。面細身粗。終身貧窶。若能精心推理。於古人元妙之旨。不難豁然明矣。

相頭

頭者。處一體之尊。爲百骸之長。禀陰陽之氣。受五行之資。取其骨峻而起。豐滿而圓。象天之德也。故皮欲厚。額欲方。行不宜搖頭。坐不宜低首。龍從而凸者。富貴榮顯之徵也。缺陷而傾者。夭壽貧賤之儀也。若夫頭通四角。高權超卓。頭骨短圓。福祿綿綿。牛頭四方。乃大吉昌。虎頭燕頷。威震河山。犀頭崒嵂。富貴無極。驢頭蒙洪。福祿永終。獅頭橫闊。心意豁達。象頭高厚。克臻上壽。此頭相之優者。若夫獐頭鼠目。陰很險毒。兎頭狐額。百計營攢。蛇頭忍薄。財祿寥落。狢頭尖銳。窮厄顛沛。此頭相之劣者。且頭無惡骨。最著者曰五花枕。曰雙龍枕。曰回環枕。曰連光枕。曰偃月枕。曰三星枕。曰山字枕。曰壘玉枕。曰背月枕。曰十字枕。并主富貴。然須與其他諸相相副。乃受天祿。不然恐未能以一骨而作定論也。

相耳

耳生貫腦。而通心胸。司腎之候也。腎氣旺則清聰。腎氣虛則混濁。聲響與性行所係也。顏色鮮潤。輪廓分明。敦厚貼肉。高聳過眉。皆聰慧顯仕之象也。垂珠朝口者。主財壽。高眉一寸者主祿厚。耳有刀環者主官榮。色如瑩玉者主貢文名。耳門寬闊者主有遠智。輪廓垂厚者主享祖業。耳大垂肩者主大富貴。輪飛廓反者幼運多乖。耳尖如狠者殘忍好殺。耳小如鼠者貧而不壽。黑暗枯焦者身死名裂。削如羽箭者貧窮無倚。耳粗飛花者愚蠢破家。耳薄如紙者幼傷夭死。此相耳之形也。按諸行運部位。一歲至七歲。行金星。八歲至十四歲。行木星。悉爲幼運。故貴人有貴眼。或無貴耳。賤人或有貴耳。而無貴眼。善相者。不僅相其形。尤須相其色也。

相眉

雙眉爲羅計星。行運部位分爲四。左眉曰凌雲(三一)繁霞(三三)右眉曰紫氣(三二)彩霞(三四)乃日月之英華。主賢愚之辨別。取其疎秀。高闊細長。淸而見底。不取其粗濃。逆亂短促。疎散交塞。凡眉濃者。須鬢濃鬚濃。爲三濃相稱。眉稀者。須鬢稀鬚稀。爲三稀相匹。且眉爲煞。眼爲貴。眉秀眼秀。謂之有貴有煞。眉秀眼濁。謂之有煞無貴。眉粗眼須大。眉濃眼須威。貴煞兩全。即爲豪傑。若夫春山新霽。秋月爭輝。青竹碧梧。輕條疎柳。或入鬢而翠。或過目而長。斯皆聰明穎悟。

富貴榮通之象也。甚至螺旋波廻。山童樹痿。短促塞逆。散亂橫生。或頭似鬬雞。或尾如垂帚。斯皆愚蠢孤獨。貧賤夭壽之格也。相眉者。宜善別之。

相眼

日月爲萬物之鑑。眼目爲一身之明。左眼爲日。父象也。右眼爲月。母象也。行運部位。左眼曰太陽(三五)中陽(三七)少陽(三九)。右眼曰太陰(三六)中陰(三八)少陰(四十)。觀其淸濁。人之善惡辨焉。取其神藏不露。黑白分明。瞳人端正。光彩澄澈。黑如點漆。長深光潤。不取其浮而露睛。圓而怒視。赤縷貫目。眊然偏窺。他若目波長秀者曰瑞鳳眼。才華卓越。圓大神藏者曰龍眼。功勳炳耀。眼大睛圓者曰牛眼。福壽綿長。波長眼細者曰象眼。富貴顯赫。白昏睛露者曰猪眼。身死非命。白多黑少者曰羊眼。心忍性惡。睛黃斜視者曰狼眼。陰險好殺。睛露神昏者曰魚眼。壽夭命傷。眼皮混泪。光迷水笑者。曰桃花眼。好色獵艷。紅黃混雜。似痴若醉者。曰猢醉眼。貪淫主賤。且眼爲心之苗。眼正者心正。眼斜者心斜。眼善者心善。眼惡者心惡。顧上覷下者。思前慮後。言語視下者。處性陰疑。愛仰視者心傲。愛側視者心貪。愛偸視者心奸。故相眼尤貴於無意中相之。

相鼻

鼻為土星。一面之表。肺之靈苗也、行運部位有八。曰山根（四一）。曰光殿（四三）。曰精舍（四二）、曰年上（四四）。曰壽上（四五）。曰鼻準（四八）。曰蘭台（四九）。曰廷尉（五十）。山根者。山也。山不厭其高。故宜挺立。不宜低陷。精舍光殿宜平滿。不宜瘦削。年上壽上宜高隆。不宜嵌陷。融缺、鼻準宜敦厚堅實。不宜尖小彎曲、蘭台廷尉宜豐滿。不宜仰露。此部位之大勢也。他若懸胆而直。截筒而齊者。主富貴榮昌。堅而有骨。兩竅收藏者。主財壽兩全。孔大不露。能容一指者。聰明。準頭高者性慈、鼻陷孔仰者財帛耗散。尖垂鈎薄者、貪財吝嗇 年上有節者。中年破敗。山根低陷者。先敗祖業。準頭掀露者。老見孤單。左邊肥者兄賢。右邊大者弟友。鼻向左偏者先尅父、鼻向右偏者早尅母。但鼻與顴須相稱。東西兩嶽高輔環抱。準頭居中。圓滿隆厚。為三星居位。無往不利。如四嶽低塌。鼻梁獨高、浮寄孤懸。形勢銷弱。不僅親友無依。且財帛不聚。故相鼻者。先相其顴鼻稱否。次論其行運部位也。

相口

口者。上通溝洫。下連承漿。五岳曰恆山。五方曰北極。五臟內應於心。乃水火既濟。爲出納官。即水星所居之位。取其深藏端方。闊厚紅潤。稜角分明。上下如一。合勢欲小。開勢欲大。口如角弓。唇如丹砂。不取掀其唇。露其齒。闊而不正。大而不收。黑而不紅。尖而不藏。偏而斜小。薄而下垂。婦女尤忌者。唇齒不相蓋者產厄。下唇過上者妨夫。上唇過下者險詐。他如口能容拳。出將入相。口闊面豐。食祿萬鍾 口如四字富足。方闊有稜壽貴。不言口動饑餓。口開露齒無謀。口如一撮貧薄。無人獨語卑賤。尖銳如鼠。誹毀嫉妒。縱紋入口。斷粟絕食。且唇爲口舌之城廓。舌爲口之鋒刃。城廓欲厚。鋒刃欲利。厚則不陷。利則不鈍。乃善相也。更有四宜。口色宜紅。口音宜清。口德宜端。口唇宜厚。

相齒

齒者。擕百骨之精華。作一口之鋒刃。運化萬物。以頤六腑者也。齒宜長大整密。排列堅固。富貴福壽之象也。不宜尖小斜疎。齙缺短薄。貧窮夭傷之徵也。宜辯齒之色。白淨色瑩者。必受天祿。而枯白無神者。勞苦終身。黃似敗葉者。貧無住屋。而黃如璞玉者。清閒美足。黑如焦木者。貧窮少祿。而色如烏金者。官財兩全。

故先辯其色。不徒以白爲貴也。且齒不宜夜齘。(即睡中磨牙)齘則孤苦。笑不宜齴。(音譴笑而露齦齒)齴則淫賤。不言而齞。(音展脣不蓋齒)招怨生非。開口若齜。(音才開口見齒貌)輕諸寡信。齒上覆下者。幼歲困滯。齒下掩上者。晚歲寡鰥。又色如爛銀。富貴不貧。參差不齊。心行詐欺。齒縫疎稀。財食無餘。齒齞竅出。遇事漏失。古人謂齒之數。三十八者王侯。三十六者卿相。三十四者貴人。三十二者中人。三十者常人。二十八者貧人。然亦有時而異也。仍宜辯色辯形。

相十二宮

十二宮者。一曰命宮。居兩眉之間山根之上。取其光明如鏡。二曰財帛宮。鼻乃財星。位居上宿。取其敦厚豐隆。三曰兄弟宮。位居兩眉取其細長清秀。四曰田宅宮。位居兩眼。取其澄澈分明。五曰男女宮。居兩眼下。名曰淚堂。取其隱隱臥蠶。六曰奴僕宮。位居地閣。重接水星。取其頦圓豐滿。七曰妻妾宮。位居魚尾。號曰奸門。取其光潤無紋。八曰疾厄宮。位居山根。取其年壽明潤。九曰遷移宮。位居眉角。號曰天倉。取其明潤潔淨。十曰官祿宮。位居中正。上合離宮。取其隆突瑩淨。十一曰福德宮。位居天倉。牽連地閣。取其豐滿明潤。十二曰相貌宮。先觀五嶽。後辯三停。取其三停相稱。

相五行形

五行之説。始自箕疇。而盈天地之間。物物具太極。即物物具五行。一人之形既分。天地之氣始專得其一矣。况人之本源。受精於水。禀氣於火。而爲人。精合而後神生。神生而後形全。故知得金木水火土而成形也。得一行之眞者。不貴亦爲福相。五行者。得一行合其性者。不貴亦爲壽相。是以金形取端方。耳額面鼻口頤腰背身手腹足。皆色白端方。神淸氣正。眞金形也。木形取叠直修長。目秀鬚淸。體長挺直。腰瘦圓滿。手紋細潤。爲眞木形也。水形取肥圓。肉重骨輕。色玄而氣靜者。爲眞水形也。火形取頭長而尖。鼻目口齒皆露。耳高尖反。鬚髮微赤。聲音焦烈。性急躁暴。色鮮紅活。爲眞火形也。土形取厚重。骨重肉實。頭面厚大。鼻豐隆。口闊唇厚。腰背如龜。手足皆厚。色喜明黃。爲眞土形也。若夫金形。三陽不宜帶赤。爲土內埋金之象。主多災難。木形宜帶火。則木火通明。若帶金。則金尅木。主成敗無休。

相骨

人身以骨爲形。以肉爲佐。以骨爲君。以肉爲臣。骨與肉相稱。氣與血相應。骨聳者夭。骨露者無立。骨軟弱者壽夭。骨橫者凶暴。骨輕者貧賤。骨俗者愚濁。骨寒者窮薄。骨圓者富貴。骨孤者無親。身瘦者不宜露骨。身肥者不欲露肉。骨之圓細相金石者。尤主福壽。日角之左。月角之右。有骨直起者。爲金城骨。位至公卿。印堂有骨。上至天庭。名天柱骨。再由天庭貫頂。爲伏犀骨。并主大貴。面上有骨單起。名顴骨。主權勢。顴骨相連入耳。名王梁骨。主壽考。自臂至肘。爲龍骨。象君。欲長而大。自肘至腕。名虎骨。象臣。欲短而細。顴骨入鬢。名驛馬骨。左目上曰日角骨。右目上曰月角骨。骨齊耳曰將軍骨。兩溝外曰巨鰲骨。額中正兩邊曰龍角骨。皆取其直而應節。緊而不粗。峻舒圓堅。并主富貴。

第二章　手相總論

相掌之法。先看八卦。次察五行。指有長短。掌有厚薄。或觀骨肉而分貴賤。或驗紋理而定吉凶。識天地生成之奥妙。參陰陽造化之元機。故纖長者心慈。短厚者性鄙。垂而過膝者英賢。短不過腰者貧賤。身小而手大者福祿。身大而手小者清貧。手軟細者高貴。手粗硬者下賤。手香煖者清華。手臭汗者污濁。指密而柔者。蓄積。指硬而疎者破敗。掌軟而方者富、掌短而薄者貧。掌澤者榮昌。掌潤乾枯者庸碌。掌紅如噀血者。操百萬財權。掌黃如拂土者。定終身貧困。四畔峰起而中凹者。財聚。四畔肉薄而中平者財散。大抵人手欲軟而長。膊欲平而厚。骨欲圓而低。腕節欲小。指節欲細。龍骨欲長。虎骨欲短、至若骨露而粗。筋浮而散。紋緊如縷。肉枯而削。非美相也。且掌最不宜露骨。露骨則寒。寒則貧也。故取其軟如綿。潤如水。紋如錦。紅如朱。熱如火。手背伏如龜。掌心窩藏卵。骨節隱藏。皮寬肉厚。未有不貴且富也。

相掌八卦

掌分八卦。乾爲天門。居戌亥屬金。坎爲海門。爲根基。居子丑屬水。艮爲田宅。爲坟墓。居丑寅屬土。震爲妻妾。爲立身。居卯屬木。巽爲財帛。爲祿馬。居辰巳屬木。離爲龍虎。爲官祿。居午屬火。坤爲福德。爲父母。居未申屬巽。兌爲奴僕。爲子息。居酉屬金。掌中央爲明堂。五黃之宮。主目下吉凶。故乾低刑剋父母。坎低難承祖業。艮低兄弟稀少。震低不利妻子。巽低財帛破耗。離低官祿平庸。坤低艱於子息。兌低奴僕少恩。乾宮紋上離宮。又主富貴。乾宮紋上坤宮。妻子俱刑。乾宮紋過坎宮。遠走他鄉。乾宮橫紋。難受祖業。坎宮紋上離宮。不貴即富。坎宮紋上巽宮。自主破財。坎宮紋上坤宮。妻子有刑。艮宮紋上震宮。主承祖蔭。艮宮紋上坤宮。兄弟刑傷。震宮紋上坤宮。主得妻財。巽宮只宜丰厚。不宜紋破。離宮黑脈過坎者主見煞。離宮高聳者。主官榮祿厚。坤宮有川字紋者。嫌正妻而寵妾。坤宮有十字紋者。宜得橫財。兌宮黑脈過艮者。爲棺材紋。必死。

相掌紋

紋深而細者吉。紋淺而粗者賤。紋瑩淨無破者。福祿之相也。縱理多者。性亂災多。橫理多者性愚而賤。竪理直貫上指者百謀皆遂。亂理散出縫指者百事破敗。紋細如亂絲者。聰明有祿。紋粗如櫟木者。愚魯混濁。紋如撒糠者。一身快樂。紋如亂剉者。一世貧苦。他如日羅紋。隻魚紋。玉堦紋。井金紋。飛針紋。雁陣紋。偃月紋。龜紋。南星見於中宮。北斗列於正位。並主富貴。其如琴者。出將入相。其紋如金花者。位至王侯。其紋如帥印者。紫綬登壇。其紋如兵符者。紅旌巡路。其紋如玉柱者。官榮祿厚。其紋如華蓋者。一世榮昌。其紋如桃花者。風流好色。其紋如花柳者。獵艷貪歡。大凡紋雖好。心相變遷。紋亦破黯。仍爲缺陷無成之相也。

相指

掌爲虎。指爲龍。只可龍吞虎。不宜虎吞龍。四指爲賓。中指爲主。賓主相濟。爲美。二指長者平生近貴。四指長者小人不足。掌長指短。暗惹人嫌。年少難養。五指斬傷。亦有所主。大指破祖。二指尅父。三指尅母。四指妨妻。五指刑子。且五指須圓飽端正。淸秀尖直。平密挾傍。瑩潤朝掌。最忌歪斜削小。短曲凹傷。匾反疎漏。禿硬類節。

第三章　氣色相總論

夫氣色者。乃五臟六腑之餘精也。在外爲色。在內爲氣。有氣而無色。有色而無氣。則氣色不准。不足定吉凶。蓋氣在皮裏。色在皮外。氣不和燰。不可謂氣。不瑩不燰。則氣散矣。色無光。不可謂色。無光則色虛矣。故色爲苗。氣爲根。凡看根。先看苗。在內者。遇還未遇。在外者。則事已過。鮮明者正旺。淡色者已散。氣色之眞形。按一年十二月。一日十二時。一年之間。有興有廢。一日之間。有禍有福。氣色之法雖分爲二。。但合爲一者乃驗。有色而無氣者爲浮光。不爲氣色。有氣而無色者爲明亮。不爲氣色、油光滑艷者爲油垢。亦不爲氣色。朝出於面。暮歸於肺腑。非人憂於心。而成凶惡之氣。亦非人樂於中。而成吉祥之色。故看人氣色。須天色方曉。傍起時。就幃中以燈照看。辯認方驗。若觸事怒發後、感物憂喜後。飲酒頹醉後、奔走勞動後。皆非五臟之色。莫相其吉凶也。

相氣

氣有六。一曰青龍之氣。色如絳繒靄明。如紫線亂盤。老蠶光明也。將發時自準而明。然後徧於諸部。故紫采之色。發於子宮。則生子。發於官祿宮則升遷。二曰勾陳之氣。色如黑風吹雲。主敗業分離。三曰玄武之氣。色如朝煙和霧。主兵火死亡。四曰朱雀之氣。色如晚霞映水。主口舌官災。五曰螣蛇之氣。色如草火將灰。主盜賊。火災。六日白虎之氣、色如凝脂塗油。主病魔孝服、六氣中以勾陳玄武爲最凶。若從天門發出、纏於子宮　必損子。纏於福德準頭。必敗業。纏於命宮。必損命。纏於耳目口舌鼻之孔竅。必犯天誅、

相色

色者。氣之精華。神之胎息也。神與色納。神能留氣。氣能留色。青發於肝。黑發

於腎。赤發於心。白發於肺。黃發於脾。氣色升降。凡各有七。青黃赤白黑紅紫是也。青主憂驚。黃主吉慶。赤主是非白主孝服。黑主牢獄。紅主喜祿。紫主榮貴。七色之外。更有動色。守色。散色。聚色。變色。成色。害色。塞滯色之別。動色者。印堂鼻準。黃如明蠟。紫如絳繒。內氣深明。外色微暗。猶如月晦重明之象。宜動。守色者。四瀆似明不明。似昏不昏。氣色不開。宜守。散色者。有色無氣。紅黃黑白。雜而不一。宜安分。聚色者。外暗而內瑩明。能開諸滯。宜愈靜愈吉。變色者。色暗淡。變爲明徹。明中鬱鬱而復暗。或有氣無色。或有色無氣。乃易變更也。宜待時。成色者。鼻準瑩盈。耳明潤紅。宜經營。害色者。年壽赤。四庫暗。印堂青。花雜滿面。地閣黑。宜避免。利色者。耳顴準印俱瑩。皮血光彩。宜圖謀。塞滯色者。四庫如泥。耳準如煙。三陽不開。滿面如濛。目起障色。宜行善。

相四時氣色

春三月。青色出面。木旺也。有喜美之事。紅色出面。木生火也。因妻妾上喜。三七日內至。白色出面。金尅木也。主官刑相擾。二七日至。黑色出面。水生木也。二月有死亡之事。黃色出面。木剋土也。木爲主。七七日賀得財。

夏三月。紅色出面。火旺也。得貴人提携。三五日至。青色出面。木生火也。父母上有喜慶事。七日至。白色出面。火剋金也。防陰人刑害。三十日至。黑色出面。水剋火也。諸事欠吉。黃色出面。火生土也。子孫上喜。二七日可至。秋三月白色出面。金旺也。七日內。獲陰人財。青色出面。金剋木也。主得横財。三七日內至。至紅色出面。火剋金也。因訟損財。三十日至。黑色出面。金生水也，主兄弟哭泣、二七日至。黃色出面。土生金也。主得財七日或廿日見。

冬三月。黑色出面。水旺也。雖得時。不足喜。防官訟。雖有而無患。四十日至。白色出面。金生水也、得貴人扶持。七七日至。紫色出面。紫屬火也。水尅火。水火相交。爲水家得地也。獲陰人財。三五日至。青色出面。水生木也。主父母喜慶。七七日至。黃色出面。土尅水也。三七日內失財。五色者。取五行相生相尅。有勢無勢。四時定期災祥。金生水。水生木。木生火。火生土。土生金。金尅木。木尅土。土尅水。水尅火。火剋金。準此類推。

相十二月氣色

正月色看寅宮。宜青白明潤、忌紅色黑色。二月看卯宮。宜青色外發。成片不宜成點。不宜在內。忌黑赤黃。不忌紅紫。三月看辰宮。宜黃潤。忌白黑。四月看巳宮。宜紅紫光明。忌暗滯。忌黑色。青色白色。五月看午宮。宜赤紫紅色。忌黑白青暗。六月看天倉。宜紫宜黃。忌青暗。七月看申宮　宜黃白明潤。忌紅赤黑。八月看酉宮。宜黃紫白。忌黑暗。九月看戌宮。宜白而明潤。忌青赤黑。十月看亥宮。宜白色黑色中。明有光彩。忌白暗黃滯。十一月看子宮。宜白色明潤。不忌青。一陽之後也。十二月看丑宮。宜青宜黃宜黑。子丑二宮相連。子宮宜白不宜黑。丑宮宜黑不宜白。

相青色

青色起時如銅青。盛是如草木初生。去時如碧雲之色。霏霏然浮散。五行屬木。旺於春。相於夏。囚於秋。死於冬。發則主憂。枯主外憂。潤主大憂。混主遠憂。散主憂解。應在亥卯未日及月。以色深淺斷之。青色現於天庭。主憂愁煩悶。現於司空。主刑獄。現於壽上。主疾病。現於命門。主凶危。現於準頭。不利於兄弟父母。財帛耗散。現於印堂。主遇事阻滯。現於奸門。主妻病。現於眼下。主病纏。現於口畔。主饑餓。現於天門。（天井之旁）主三十日財至。按四時月令。而細辯之。

相黃色

黃色初起如蠶吐絲。將盛之時。如繭之未繅。或如馬尾。欲去之時。如柳色之花。搏聚斑駁。五行屬土。旺在四季。相在春。休於夏。囚於秋。死於冬。又爲胎養之發。皆主吉慶。不宜入口。即病瘟疫。日則在酉申寅年戌日應之。旬則在子午戌辰旬應之。以深淺遠近斷定之。黃色現於天中者。主官祿升遷。現於司空者。主百日見財。現於印堂者。主六旬內喜慶。現於準頭者。主榮昌吉祥。現於山根者、所至遂心。現於太陽者。主得財帛。現於魚尾者。主吉引榮行。現於蘭廷者。主有財喜。現於眉眼者。主得子女。現於武庫者。主著戰功。

相赤色

赤色初起。如火始燃。將盛之時。炎炎如絳繪。欲去之時。如連珠累累。五行屬火。旺在夏。相於春。囚於秋。死於冬。發主公私鬬訟。口舌驚擾之事。潤主刑厄。細薄主口舌是非。應寅午戌並巳未日。旬則辰戌。以色定之。赤色現於天中。印堂鼻準者。主驚恐死傷疾病。現於山根者。主驚憂。現於年上者。主意外之厄。現於命門者。主兵火顛沛。現於承漿者。主因酒喧爭。現於山林者。主慎火。現於交友者。主朋友陌路。去職離差。部位須辯清楚。

相白色

白色起時。如白塵拂拂。將盛之時。如膩粉點。或如白紙。欲去之時。如灰垢之散。五行屬金。旺在秋。相於夏。囚於春。死於冬。發主哭泣憂愁。潤主哀泣。散主病瘥。應在巳酉丑日。旬在子戌旬中應之。白色現於奸門者。主男女相妬。現於山根者。主刑獄憂囚。現於堂上者。不利父母。現於命門者。主多凶危。現於大海者。主有水殃。現於印堂者。主見喪服。現於準頭者。主官星不旺。現於年壽者。主煩鬱不順。

相黑色

黑包初起。如烏鳥尾。將盛之時。如黑髮得膏。欲去之時。如落垢膩。五行屬水。旺於冬。相於秋。囚於夏。死於春。發主病災厄。潤主死。枯翳客死。散主病痊。日應在申子辰日。旬應在甲寅旬。及冬日。以旺爲應。黑色現於天中者。主失官損祿。現於年壽者。主病魔灾危。現於司空者。主疾病纏身。現於印堂者。主棄職離差。現於三陽者。主百事不順。現於額上者。主父母孝服。現於驛馬者。主遠行不利。

相紫色

紫色初起。如兔毫。將盛之時。如紫草。欲去之時。如淡煙。爲四時胎養之氣。亦旺在四季。更無休囚發。皆爲吉。應日與黃色同。現於天中者。主官榮祿顯。現於驛馬者。主見升遷。現於山林者。主有喜財。現於印堂者。主逢知遇。現於天門者。主著戰績。現於額上者。主積慶榮華。

相滯色

滯色者。五臟不潤故也。面黃凝滯如泥。爲犯土滯。面青藍晦無光。爲犯木滯。面紅縞裹焦赤。爲犯火滯面黑煙霧濛濛。爲犯水滯。面白乾枯無色。爲犯金滯。面光滑膩如油。爲犯神滯。皆最忌之色。少年有此。二十年蹇滯。老年有此。終身無運。乃大窮大塞之色。進退皆不利。宜行善。及陰騭佛事。乃可開發。其滯自退。

第四章　心相總論

麻衣相心曰。有心無相。相逐心生。有相無心。相隨心滅。誠千古之名論也。蓋一念之善存於心。一事之善見於行。則相之惡者。將一變而爲善矣。其不變者。僅相其貌者不驗矣。一念之惡存於心。一事之惡見於行。則相之善者。將一變而爲惡矣。其不變者。僅相其貌者不驗矣。此吾所謂面相掌相色相心相。須四者並重。不得取一而棄三也。且人之心。儒曰靈台。釋曰靈山。道曰靈關。司精神之動靜。喜怒哀樂愛惡欲之所由生焉。若夫爲國忘家。爲公忘私。此心之忠者。順親悅色。甘旨承歡。心之孝者。行俠尙義。扶危濟急。心之義者。普施博愛。賙恤窮困。心之慈者。守口如瓶。視身履冰。心之厚者。不念舊惡。成人之美。心之仁者。富貴不淫。貧賤不移。心之淸者。有一於此。雖面相掌相色相不足取。未有不富且貴也。若不富貴其本身。未有不及其子孫也。他若飾智籠愚。陰謀險詐。心之奸者。好斂貨財。尤尙奢侈。心之貪者。言語忠信。行爲狠戾。心之僞者。逢迎於上。酷烈於下。心之汚者。忘恩負義。假公濟私。心之忍者。有一於此。雖面相掌相色相皆足取。未有不貧且賤也。若不貧賤其本身。未有不及其子孫也。噫心相可不重哉。

相心術

心術可取者有七。一曰忠孝。二曰平等。三曰寬裕。四曰純正。五曰施惠。六曰有常。七曰剛直。不可取者。亦有七。一曰陰惡。二曰邪穢。三曰苛察。四曰矜誇。五曰奔競。六曰諂諛。七曰苟且。此皆心術不同。而命運各異。不可不自戒也。是以善相者，先察其心，後相其形，故心美而形惡，無妨爲君子。形善而心凶。不免爲小人。荀子曰，相形不如相心，此之謂也。

相德器

德在形先，形在德後。器宇汪洋者。公卿之徵也。輕盈志滿者。春花易謝也。豁達大度者，漢高所以帝也。殘暴量狹者。項羽所以敗也，失志而無奴顏。雖暫時貧賤久必雄飛，得意而現驕容。雖暫時富貴，終當落魄，蓋相有隱有顯，顯者易觀。隱者難辯。或有德而有形，或有形而無德。湯軀九尺，而曹交類之。孔子河目。而陽虎類之。一聖一狂。天淵懸殊。不可不辯，書云，有容德乃大。夫德者。天爵也。孟子云。修其天爵，而人爵從之。故相形先相心。相心者，尤宜審其德器。

黎元洪

南人北相、眉濃帶彩、目神藏威、金木二星、輪廓明潤。幼運平淡。天中（十五）至中正（二五）天庭骨及日月角骨齊起、學業銳進行運暢達、邱陵（二六）至山林（三十）、印堂平闊、驛馬欠豐、得失互見、凌雲（三一）至少陰（四十）。眉目威煞并見、主握兵柄、升遷迭見。山根（四一）至壽上（四五）、鼻樑挺直、骨肉停勻。際遇日隆、權位益重、左顴（四六）至法令（五七）、顴鼻拱輔、鬚硬有光澤、宜其締造共和。功垂竹帛、其雍容儒雅、悉符民治平等精神、具歐美元首風。虎耳（五八）至地閣（七一）水星端厚。陂鵝亦滿、行運仍順。晚景怡然。

徐世昌

天庭隆突、頭角崢嶸、面帶重城、眉目清秀、大貴格也。金木二星、輪廓圓明。幼

多穎悟。天中（十五）至山林（卅）。天庭骨及日月角骨。谽岈作勢。行運極旺。是以玉繩金掌。早聽鈞天●紫誥黃麻。同歸冊府、凌雲（三一）至少陰（四十）●眉如萬柳蕭疏。目亦神光煥發。權位并進。山根（四一）至廷尉（五十）。顴鼻拱輔●晉位六卿、惜蘭（四九）廷（五十）欠齊。瑕瑜互見。人中（五一）至水星（六十）。戰鬚秀麗、當居鼎鉉之位。承漿（六一）至奴僕（七三）。陂鵝及金縷（六六）等部、豐滿隆起。主有不祿而得之壽、之宜其榮膺圖籙、返民治於中天、盛極梯航●揚國光於大地。誠部位之定數也●餘進平順、晚景極佳。

袁世凱

頭骨谽岈崢嶸。鼻準厚實。目光爛烱、誠貴格也、金木二星。輪廓分明。克享祖蔭。天中（十五）至中正（二十五）、天庭骨及日月角骨岧嶢作勢、主早登仕版。嶄然露頭角。邱陵（二十六）至山林（卅）、印堂平闊。驛馬豐廣。際遇日隆、升遷迭見

、凌雲（卅一）至少陰（四十）、眉細長見底。目有神威。主握兵柄、權位日隆。山根（四一）至廷尉（五十）、顴鼻互爲輔弼。外則杜韋名赫。褒鄂功多、內則補袞調梅、秉鈞當軸。惜蘭（四九）廷（五十）欠齊。防危險波折。人中（五一）至法令（五七）、鬚粗硬色潤。運亦愈旺。稱元首焉。五八虎耳骨不起、防病厄。

張作霖

目睟藏威。顴鼻三星相聚、氣勢雄偉、鬚秀美色潤。大貴之相也。金木二星、輪廓明潤。龍角虎頸等骨、崔嵬峙立。故卅歲以前、行運亦極暢達、凌雲（卅一）至彩霞（三四）。眉帶彩色、漸入佳境、太陽（卅五）至少陰（四十）眼神充足、眉目威煞并見、故克奮翼大池。凌雲直上。山根（四一）至廷尉（五十）顴鼻拱輔。威震海內。分府開藩。舉動關係全局。人中（五十一）至地庫（六三）、鬚清見底、秀美有光

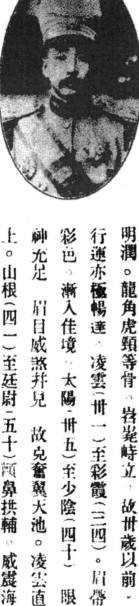

澤。自能賡歌颺拜。休風遠紹夫虞廷。明目達聰。民隱上通乎黼座。功勳炳燿、福壽兼全。

熊希齡

天庭圓潤豐隆。耳珠朝口。眉宇疎秀、目神瑩澈、鼻樑挺直、地閣朝拱、掌宮三峯高聳。紋深且細、掌相面相、俱屬富貴之格。且爲人器宇汪洋、心田仁厚。博施普濟、尤爲心相所貴也、論其行運、金木二星。輪廓明潤垂珠。慧由天悟。惜耳廓略反。恐刑尅身弱、天中（十五）至山林（三十）。天庭骨及驛馬骨。谽呀崢嶸。宜其摘髦科第。拾芥功名。少年顯貴、凌雲（三二）至彩霞（三四）。眉如春山新霽。萬柳蕭疏。有鐘鶴冲天之象、惜眉尾稍散。故癸卯年秉持使節。致受虛驚。太陽（三五）至少陰（四）十。眼長神足。財權兩旺。山根（四一）至壽上（四五）。鼻樑挺直。骨肉停勻。故克位至司農。復膺揆席。極一時之盛、左顴（四六）至廷尉（五十）。鼻準豐隆。惜顴未時立、作事偏於名譽居多。瑕瑜互見。且蘭（四九）廷（五十）欠豐。防刑尅破耗。人中（五一）至法令（五七）鬚清見底。運仍不順。五十八歲至七十二歲。地閣朝拱。陂鵝豐滿。定能東山再起。振作有爲。霖雨蒼生。震驚一世。晚景亦極娛適。

唐紹儀

眉帶彩色。眼秀藏神。顴鼻拱輔。鬚硬色潤。爲一生行運最優部位也。兩耳垂珠貼肉。天庭圓突。故三十歲以前。行運極順。雅負文名。凌雲（卅一）至廷尉（五十）。眉目顴鼻。俱見精采。此二十年。一帆風順。故於前清已置身顯仕。位重名尊。人中（五一）至法令（五七）。鬚清硬色潤。宜其榮膺揆席。大展經綸。惜五十八歲以後。虎耳骨不起。地閣未朝。效白傅之風流林下耳。

梁啓超

天庭圓突。目睟藏神。兩顴峙立。故博學能文。立說獨闢蹊徑。金木二星。輪廓明潤。天庭骨及日月角骨高聳。故二十五歲以前。以文章鳴於世。惜邱陵（二十六）塚

幕(二十七)深陷、應有不測之險。印堂(二十八)至太陰(三十六)。眉散無氣。眼頭露肉。宜其奔走海外。碌碌無成。中陽(三十七)至少陰(四十)。兩瞳神足。漸入佳境。山根(四一)至右顴(四七)。鼻樑挺直、互爲輔弼。此七年中、位顯者祿。財官并茂、準頭(四八)至廷尉(五十)、準陷鼻露。殊無可取。人中(五一)至法令(五七)上通濟瀆。下接庫閣、行運平穩。下停較遜。

吳佩孚

眉如聚柳籠煙。目則神光炫烱、金木二星。輪廓分明、主幼年敏慧、天中(十五)至山林(三十)。天庭骨及日月角骨屹立、印堂平闊、宜其見重青衿。蜚聲黌序。凌雲(三一)至少陰(四十)、眉細見底。目神流露、宜棄文就武。掌握兵柄。山根(四一)至廷尉(五十)。鼻樑挺立。兩顴高聳。輔弼相稱、此十年中。落日煙雲。寒烁壁壘。任雄藩之重寄，張撻伐之神威。行運極順。人中（五一）至法令（五七）。鬚細黃。少光澤，防有意外失敗。虎耳（五八）至金樓（五七）。水星端正。陂鵝赤滿。仍可振作有僞。震驚一世，地閣略尖。餘運平淡。

陳樹藩

面白且圓。北人南相。掌宮三峯高聳，生有奇紋。亦貴格也。金木二星，輪廓欠明。幼運平淡。天中（十五）至中正（二十五），天庭骨及日月角骨峙立。主負笈海外。學業銳進，邱陵（二十六）至山林（卅），驛馬平滿，印堂亦闊，若置身戎行。當屢著戰績。乘風直上，迭見升遷。凌雲（卅一）至少陰（四十）。眉濃色彩。眼烱烱有威。取煞氣透達。有煞有貴。自能我武惟揚。專閫屏翰。山根（四一）至壽上（四五）精光欠豐。年壽上骨肉停勻。此數年。得失互見，左顴（四六）至廷尉（五十），兩顴略見高低。防危險破敗。幸準頭（四八）敦實。蘭（四九）廷（五十）圓滿仍可有爲。人中（五一）至法令（五七），鬚硬有光澤。如蓄長不剪，重握兵柄。功業未可限歲。虎耳（五八）至地庫（六三）水星端正。地閣朝拱。晚景怡然。

陸宗輿

天庭圓突。頭角崢嶸。山根挺直。掌綿足厚。富貴格也。兩耳厚大垂珠。幼運暢達。天中（十五）至中正（廿五）。各部位均聳舉作勢。故能負笈海外。見重士林。邱陵（廿六）至山林（卅）。驛馬豐廣。印堂高闊。已置身顯仕。凌雲（卅一）至少陰（四十）。眉眼俱見精采。扶搖直上。權位日隆。山根（四一）至廷尉（五十）鼻樑挺直。宜其備位六官。克展抱負。惜顴時無柄　四十六歲以後。官星較遜。財運仍旺。人中（五一）至地庫（六三）。下停極豐。當再起。尤勝於前。晚景亦順。

曹汝霖

眉宇清越。眼睟有神。掌宮八卦豐厚。主為人靜默修潔。窺之閫奧而不見畛域。金木二星。明潤垂珠。幼運暢達。天中（十五）至中正（廿五）。金城及日月角骨屹立。司空平滿。負笈海外。少有才名。邱陵（廿六）至山林（卅）印堂平闊。仕途順順。淩雲（卅一）至少陰（四十）眉目俱見精采。官榮祿厚。有鐘鶴冲天之象。山根（四二）至壽上（四五）。鼻樑挺直。精光豐滿。扶搖直上。位備六官。左顴（四六）至廷尉（五十）。顴破鼻露。陵腸翳蝕。行運較遜。人中（五十一）至承漿（六一）。鬚色花白。光采秀美。水星端厚。東山再起。霖雨蒼生。收名利雙輝之效。晚景優游。

許士英

鬚眉鬢三濃相配。鼻樑挺直 掌宮八卦豐隆。實基於此。兩耳鮮明紅潤。顴骨連準隆起。故卅歲以前。行運平順 淩雲（卅一）至少陰（四十）。眉彩瞳威。漸入佳境。權位日隆。山根（四十一）至廷尉（五十）。顴鼻拱輔。故能屢列六官。榮膺疆寄。惜四十二三歲。精光欠豐。四十八九歲準昭鼻露。此數年宦星不利。主去職。破財。人中（五十一）至法令（五十七）。鬚濃色潤。宜其東山再起。兼代揆席。惜食倉稍昭。難久於位。五十八歲以後 虎耳骨不起。宜勇退。

王士珍

頭角崢嶸。鼻如截筒。風神秀澈。宜為北洋之龍也。兩耳垂珠貼肉。金城骨峙立。故三十歲以前。行運暢達。凌雲（卅一）至少陰（四十）。眉眼有煞有貴。主握兵柄。漸入佳境。山根（四十一）至廷尉（五十）鼻準豐隆。權高位重盛極一時。人中（五一）至祿倉（五十五）。諸部欠豐。瑕瑜互見。法令（五七）至水口（六十）。鬚硬色潤水星端厚。此數年中。聲勢益赫　朝野所重。承漿（六一）至地閣（七三）。下停朝拱。金縷平滿。晚景極順。

梁士詒

頭圓頂平。天庭隆突。地閣豐滿。掌宮三峯高聳。大貴格也。金木二星。顏色紅潤。幼運暢達。天中（十五）至山林（卅）。天庭印堂驛馬諸部。岩巍作勢。才華卓越。見重于時。凌雲（卅一）至少陰（四十）。眉秀目神。扶搖直上。山根（四一）至右顴（四七）。鼻樑挺直。兩顴得上停驛馬之氣。此七年中　權位隆崇。財官兩旺。惟四十八歲至五十歲　準陷鼻露　故有刑獄之災。人中（五一）至仙庫（五三）。部位豐滿

鬚秀有光澤　故能東山再起　黃閣調羹　五十四至五十七歲　倉法欠滿　遭不虞之毀　駁雜重重。虎耳（五八）至水星（六十）。行運平淡。承漿（六一）至地閣（七十一）、下停極豐。此十年中既富且貴。事業未可限量也。

朱祖謀

人爲五短五小　天庭闊潤豐隆　掌宮三峯高聳　貴基于此　金木二星　色如瑩玉幼年穎悟　享上人餘蔭　天中（十五）至中正（廿五）天庭隆突　惜日月角稍陷　早見刑尅　邱陵至（廿六）至山林（卅）驛馬豐廣　印堂高闊　此數年中　青雲得路紫陌尋春　玉署高寒　瀛洲浩渺　凌雲（卅一）至彩霞（卅四）、眉宇清秀　有榮膺外任之象　太陽（卅五）至光殿（四十三）　目神欠足　精光斂陷　恐久困京曹不逢知遇　年上（四四）至廷尉（五十）　顴鼻環抱　形勢雄厚　備位六官　權位隆重人中（五十一）至水星（六十）。鬚秀有光澤　水口端厚　優遊林下　自傳風流承漿（六十一）至鵝鳴（六十五）。承漿稍陷　防刑尅破財　金縷（六六）至地輪（八

十二）部位豐滿。鬚白如雪、秀美都麗、桑榆晚景、行運仍順。過此、周行全上停陶然作百歲翁矣

孫中山

天庭豐聳、眉濃帶彩、目神藏威、神姿高徹、有出塵之概、金木二星、輪廓稍遜幼運平淡、天中（十五）至中正（廿五）天庭骨及日月角骨峙立、行運暢達。邱陵（二六）至山林（卅）印堂平闊、驛馬豐廣、主心有定見、百折不撓、求以主義勝、人所不及、凌雲（卅一）至少陰（四十）。眉目威煞並見、惜身爲文人、煞不得用。轉多危險。山根（四一）至廷尉（五十）年壽上骨肉停勻。顴鼻拱輔、形勢雄厚卒以主義勝、光復神洲、統一華夏、功業至偉大、人中（五一）至法令（五七）。鬚稀色枯。功成身退、行運瑕瑜互見、五八以後。虎耳骨不起。防病危。

符定一

鼻如懸胆。兩顴環抱。掌宮八卦豐隆。生有奇紋。主爲人機警多智。富於胆識。金

木二星。輪廓明潤。幼運平順。天中（十五）至中正（廿五）天庭骨及日月角骨齊起。慧由天悟雅負文名。邱陵（廿六）至山林（卅）驛馬欠豐印堂平闊。韞櫝而藏。懷才莫展。凌雲（卅一）至少陰（四十）。眉清見底。目秀有神。行運漸順權位日隆。惜眼頭露肉。奸門太陷。瑕瑜互見。山根（四一）至廷尉（五十）。鼻如懸胆。兩顴拱輔。有特殊奇遇。進意外財源。名利并懋。人所不及。惟精（四二）光（四三）欠豐。蘭（四九）廷（五十）不齊。此四年仍多駁雜。人中（五一）至法令（五七）。鬚細而清。行運仍順。五十八以後。下停未見朝拱。餘運平平。

陳調元

眉彩幢威。有煞有貴。掌宮八卦豐隆。兩耳堅厚聳長。幼多敏慧。天中（十五）至中正（廿五）邊地骨屹立。學業銳進。見重士林。邱陵（二十六）至山林（卅）印堂平闊。際遇日隆。漸露頭角。凌雲（卅一）至少陰（四十）。眉眼得中停之精采。宜其鶩

翻雲脅、由師長而至皖督、山根(四一)至壽上(四五)、精光欠豐、遇事多艱阻。無甚足取。左顴(四十六)至鼻準(四十八)。部位相稱。仍可有爲、惜蘭(四九)廷(五十)仰露、難免駁雜。人中(五十一)至法令(五十七)。鬚淸而硬、行運仍順。

齊燮元

眉目威煞幷見、掌宮八卦平滿、主爲人富策略、機警應變、兩耳明潤、幼運平順、天中(十五)至山林(卅)、天庭骨及日月角骨峙立、學業銳進、且早入戎行、際會風雲、行運日順、凌雲(三十一)至少陰(四十)、眉采瞳威、此十年中、龍躍天池震驚一世、宜其開藩分府、坐鎭東南、惜奸門(卅九四十)太陷、煞不能透、致遭失敗、山根(四一)挺立、精光欠豐、故再起、旋仍去位、年上(四十四)至廷尉(五十)。顴鼻拱輔。蘭廷欠滿。瑕瑜互見、人中(五十一)至法令(五十七)、部位豐滿、行運尚順、五十八歲後、宜勇退

胡惟德

形近五短、掌生玉柱紋、主才識深宏、胸襟卓越、念故舊、重鄉情、人所不及、金木二星、輪廓圓明、幼年聰慧、天中(十五)至中正(廿五)。金城骨及日月骨、圓

滿豐隆、取科第功名、如拾地芥　邱陵（廿六）至山林（卅）、印堂平滿　驛馬亦豐

旱登仕版。際遇日隆　凌雲（卅一）至少陰（四十）。眉目秀瑩　喬木鶯遷　升擢迭見　山根（四一）至廷尉（五十）。鼻準敦厚　兩顴環抱　權位益重　人中（五十一）至水星（六十）　鬚硬有光澤　虎耳亦起　此十年中　如春水行帆　無往不順　出持使節、入長部曹　資望愈著　承漿（六十一）至地閣（七十一）　下停朝拱　當再起、晚景極佳。

孫傳芳

兩眉高懸　北人南相　眼睟藏威　主為人心細胆壯　臨機應變、決勝千里　金木二星　輪廓欠明　幼運平淡、天中（十五）至中正（廿五）。司空不正　邊地角骨隆起　行運暢達　邱陵（廿六）至山林（卅）　印堂不闊　驛馬欠豐　瑕瑜互見　凌雲（卅一）至少陰（四十）。羅計兩星高拂　目神有威　此十年中　扶搖直上　知兵善戰　名震一世、山根（四一）至廷尉（五十）　鼻樑挺直、顴鼻拱輔　氣勢雄厚。眉目威

煞下貫。不僅陳師鞠旅。握一省兵柄。且有坐鎮東南之象。惟精(四二)光(四三)略陷。稍形波折。蘭(四九)廷(五十)欠滿。美中不足。人中(五一)至承漿(六一)鬚秀美色潤。與眉相稱。水星亦端厚。功高望重。事業未可限量。承漿以後。桑榆晚景。優游自娛。

賀得霖

頭圓項平。目神澄澈。兩耳圓潤鮮明。幼年穎悟。天中(十五)至中正(廿五)。天庭圓突。漸露頭角。邱陵(廿六)至山林(卅)。印堂平闊。驛馬欠豐。故補主事。旋被裁。一慶一憂。凌雲(卅一)至太陰(卅六)。眉帶彩色。財權甚旺。故組大陸銀行。惜眼頭稍形露肉。旋復失敗。中陽(卅七)至少陰(四十)。眼睟有神。宜其豐猷四暢。報和親康樂之書。茂績三餘。修利用厚生之事。山根(四十一)至廷尉(五十）山根太陷。精（四二）光（四三）欠豐。故丁卯春季 幾罹不測 四四歲以後 鼻樑挺直，當再起 人中（五一）至法令（五七）部位豐滿 行運仍順

錢方軾

人近金形。眉目秀澈。掌宮細潤明瑩。富勝于貴也。兩耳圓潤。克承父蔭。天中（十五）至中正（廿五） 邊地骨峙立。司空平滿。故負笈海外 學業深宏 邱陵（廿六）至山林（卅） 驛馬豐廣 乘風逐浪 迭握財權 凌雲（卅一）至太陰（卅六）。眉目秀澈，故內除，中陽（卅七）至中陰（卅八） 雙瞳尤晬 克長鹺政 名盛一時 惜奸門稍陷 故卅九歲駁雜 四十復歲任財次 得失互見 山根至鼻準（四八）土星隆實，不難鬬智爭時，鑄山潤屋，財權兩旺 惟蘭（四九）廷（五十）欠滿 防破耗人中（五一）至水星（六十）部位豐滿，位顯名尊，晚景極佳

常蔭槐

頭圓面方，眉目威煞并見 顴鼻拱輔。主爲人秉性剛毅 才識宏富，洵不多見 金本二星，厚大圓潤，幼多敏慧。天中（十五）至中正（廿五）。司空平滿 龍虎骨峙立，行運暢達 邱陵（廿六）至山林（卅），驛馬欠豐 懷才不遇 古今來埋沒幾多英俊

凌雲（卅一）至彩霞（卅四） 眉粗帶彩 際遇日隆。太陽（卅五）至少陰（四十）目神炫炯 有煞有貴。鯤鱗逐浪 銳不可當。且以文人兼握兵柄 山根（四十一）至廷尉（五十）。鼻高顴峙。故克新猷丕煥。九曹頒傳部之宏規。策畫懋宣。四政列總署之要務。事業偉大。殊不多見。人中（五十一）至承漿（六十一）。倉庫平滿。水星端正。行運仍順。晚景優游。

任毓麟

人近木形。眉目清秀。鼻高顴峙。主為人才華卓越。恢恢然有君子度。金木二星。長大圓明。慧由天悟。天中（十五）至中正（廿五）。邊地金城等骨。巃嵸突起。學業銳進。少負才名。見稱于時。邱陵（廿六）至山林。驛馬欠豐。雖登仕版。知遇非時。凌雲（卅一）至少陰（四十）。眉清目瑩。行運漸順。山根（四一）至廷尉（五十）。鼻樑挺直。顴鼻相輔。為中停之精采。此十年中。春水行舟。一帆風順。名尊秩厚。權位隆崇。人中（五一）至承漿（六一） 倉庫平滿。虎耳亦起。水星端正。官星愈旺。財源充裕。建設尤多。人所不及。晚景亦佳

姜桂題

目神藏威。顴鼻相輔。鬚硬色潤。地閣朝拱。且爲人秉性仁厚。和善慈祥。心相實多可取。兩耳長大垂珠。幼運暢達。天庭圓突。惜驛馬不豐。故二十歲以前。平淡無奇。凌雲（卅一）至廷尉（五十）眉眼威煞幷見。顴鼻拱輔扶搖直上。屢著戰功。惜蘭（四九）廷（五十）稍露。定多波折。人中（五一）至仙庫（五三）。部位欠豐。殊不見佳。食倉（五四）至兩腮（七五）鬚硬有光澤。此廿年權位隆崇。爲國家柱石。名震海內。七十六歲至七十九歲。下頦略短。餘運平淡。故歸道山。

張志潭

羅計兩星高懸。三陽神光煥發。實多可取。天輪（一歲）至地輪（十四）。闊大鮮潤。克承祖蔭。幼運至佳。天中（十五）至山林（卅）。司空平滿。驛馬豐闊。故卅歲以前。智慧過人。才華卓越。且早登仕版。遭際亦順。凌雲（卅一）至彩霞（卅四）兩眉高拂。官星極旺。故有外仕之象。太陽（卅五）至少陰（四十）。睛光朗照。

黑白分明。鸞翮雲宵、故長交部、惜左右奸門（卅九四十）太陷。中心煩鬱不定 境與志違。山根（四一）主壽上（四五） 精光欠豐 恐耗智勞神 作事仍難如意。四十六至五十歲 顴鼻環抱 當再起。財權甚旺 人中（五一）至法令（五十七）

深長平滿。晚景亦佳。

潘復

天庭骨隆突豐滿。眉目秀澈 主爲人才識宏富。器宇雍容。兩耳圓明。日月角龍從峙立 故卅歲以前、運極暢達 頗負才名。凌雲（卅一）至少陰（四十）眉目俱見精采、扶搖直上。權位日隆、惟奸門（卅九四十）稍陷 略見波折。山根（四十一）至廷尉（五十） 鼻樑挺立。土星端厚 自能重長六宮。而宅百揆、蒼坡疊永 綠對春深 天上卿雲。人間福瞬 人中（五十一）至水星（六十）。倉庫豐滿 勛勞尤著

下停地閣朝拱。桑榆晚景。克引榆年

湯化龍

頭圓頂平。目神秀澈。掌宮八卦不滿。主爲人深沉機變。博學能文。兩耳明瑩。天庭骨及日月角骨屹立。印堂高闊。故卅歲以前。以文行見重於世。凌雲(卅一)至彩霞(卅四)。眉尾略垂。無甚足取。太陽(卅五)至少陰(四十)。目光充足。故能名盛一時。朝野崇拜。山根(四一)至年上(四四)。鼻樑挺直。故長內務。惜壽上(四五)兩顴未見拱輔。且乘眉煞氣下照。與張漢舉同屬一格。致罹不測。狙擊喪身。非命運之定數耶。

張弧

眉字疏秀。目神蘊蓄。掌宮三峯聳起。主爲人富於策略。才識深宏。重人材。念故舊。金木二星。輪廓明潤。克享祖蔭。天中(十五)至山林(卅)。天庭骨及日月角骨

峙立。驛馬豐廣。印堂平闊。不僅名班玉筍。且早登仕版。知遇日隆。凌雲（卅一）

至少陰（四十）眉目俱見精彩。升遷迭見。政聲日著。眼角黑白分明。故卅九歲內調。惟山根（四一）太陷。致遭波折。精（四二）光（四三）欠豐。亦不見佳。四四歲。年上骨肉停勻。顴鼻互爲輔弼。故能持圜九府。掌計司農。惜蘭（四九）廷（五十）仰露。主破財駁雜。美中不足。人中（五十一）至法令（五七）鬚秀色潤。如蓄長不剪。當再起。尤勝於前。且進退從容。具有定見。洵不可及。

李思浩

眉宇軒朗。目神澄澈。掌生奇紋。主爲人秉性慈祥。博施普濟。心相實多可取。兩耳明瑩。幼多聰慧。天庭（十九）至山林（卅）。日月角骨及驛馬骨齊起。印堂高闊。故能擷巍科第、拾芥功名。凌雲（卅一）至少陰（四十）。眉目得中停精采。扶搖直上。既長鹺政。復握財權。惜奸門太陷。故四十歲蒙不虞之毀。山根（四一）至壽上（四五）骨肉停勻。東山再起。復長司農。惜兩顴不時。鼻準（四八）略仰。幸得

心相之助。仍能振作有爲。人中（五一）至法令（五七）庫倉豐滿。豈補千章。聲勢顯赫。

夏仁虎

頭圓頂平。眉目秀澈。鼻準隆實。倉庫豐厚。且爲人心田仁厚。念故舊。重人材。心相亦多可取。兩耳輪廓分明。天庭豐滿。主早登仕版。且富於著作。凌雲（卅一）至少陰（四十）眉清目秀。升遷迭見。漸入佳境。山根（四一）至廷尉（五十）鼻挺準豐。乘風直上。遭際日隆。人中（五一）至法令（五七）。倉庫豐盈。名尊位顯。虎耳（五八）至地閣。（七一）下停極豐。陂鵝亦滿。晚景極順。克引榆年。

龔心湛

鼻樑挺立。倉庫豐滿。金木二星 輪廓圓明。幼運暢達。天中（十五）至山林（卅）。天庭印堂驛馬諸部俱豐滿。漸露頭角。凌雲（卅一）至少陰（四十）。眉帶彩色。惜眼頭稍空。瑕瑜互見。山根（四一）至廷尉（五十）。顴鼻拱輔。不僅作專具定見。且權位日重。人中（五一）。至法令（五七）倉庫滿厚。故克執掌司農。復膺揆席。虎耳（五八）至地庫（六三）。虎耳骨不起。行運平淡 晚景尙佳。

蔣邦彥

頭圓頂平。眉宇淸秀。目神蘊蓄。掌宮三峯聳起。主爲人精細幹練。善策劃。富胆識。金木二星。輪廓欠明。幼運平淡。天中（十五）至中正（廿五）。天庭骨及日月角骨齊起。主負笈海外。見重士林。邱陵（廿六）至山林（卅） 驛馬欠豐。印堂平闊。瑕瑜互見。凌雲（卅一）至少陰（四十）。眉目得中停之精采。此十年中。不僅財源充沛。且奮翼滬池。升遷迭見。權位日益隆崇。山根（四一）至壽上（四五）鼻樑雖挺。精光欠豐。有翺翔不定之象。防波折破耗。左顴（四六）至廷尉（五十） 三星相聚形勢雄厚。仍克振作有爲。名利兼優。人中（五一）至法令（五七）。鬚細有光澤如蓄長不剪．事業未可限量．縱有波折。亦能化險爲夷。五十八以後．虎耳骨不起．宜勇退。

蔣介石

目神藏威．鼻樑挺直．金木二星．輪廓欠明．幼運殊不見佳．天中（十五）至中正（廿五）印綬骨及日月角骨齊起．能負笈海外．見重士林．邱陵（廿六）至山林（卅）驛馬豐廣．印堂平闊．一躍而掌握兵權．置身顯仕．年少得志．洵不可及．凌雲（卅一）至彩霞（卅四）。眉色無彩。煞不能透．恐境遇坎坷．中心煩鬱．太陽（卅五）至太陰（卅六）。眼頭稍形露肉．仍難順指如意．中陽（卅七）至少陰（四十）．目神充足．振作有爲．惜奸門太陷．防尅妻．或艱於子嗣．山根（四一）至廷尉（五十）。鼻樑挺立．兩顴拱輔．知兵善戰．震驚一時．惟蘭（四九）廷（五十）仰露．定多波折．危險。人中（五一）至法令（五七）．上接八部．下帶地閣．行運仍順。五十八以後。下停未見豐隆。宜勇退。

蔡成勳

眉眼威煞幷見。土星敦厚．兩顴拱輔．面相實多可取．兩耳圓明。金城骨屹立．山

林亦豐　故卅歲以前　逐漸進步　行運暢達　凌雲（卅一）至少陰（四十）　眉濃帶彩　目神藏威　主握兵柄　際遇極佳　山根（四一）至廷尉（五十）　顴鼻爲一生精采　三星相聚　且眉眼之煞下貫　故榮膺彊寄　建節洪都　人中（五一）至法令（五七）　土鼻濃黑黎差　氣散色淡　主下野　餘運平順

冰鑑像

朱延昱

人爲木形　行步之際　身軀挺直　殊不多見　且眉目秀澈　主爲人器宇雍容　才識宏富　金木二星　輪廓圓明　克享祖業　天中（十五）至中正（廿五）　天庭隆突　少負才名　以文行稱　邱陵（廿六）至山林（卅）　驛馬欠豐　印堂平闊　瑕瑜互見　凌雲（卅一）至少陰（四十）眉字清疎　目神瑩澈　摩天聚展　權位日益隆崇　山根（四一）至延尉（五十）　鼻樑挺直　兩顴拱輔　不難克享天心　榮膺巽命　金甌協卜

鐵券銘勛　惟蘭（四九）廷（五十）欠滿　防破耗駁雜　人中（五一）至法令（五七）　倉庫不滿　位顯名尊　行運仍順　五八以後　虎耳骨不起　宜乞閒身　優游林下

唐肯

目神藝粹　鼻準敦實　地閣豐滿　論其行運　一歲至十四歲　耳廓略反　恐見刑尅十五歲至二十五歲　司空不闊　金城骨齊起。行運極順。廿六歲至卅歲。驛馬欠豐　印堂不廣。仍多煩鬱之象　卅一歲至四十歲　眉眼俱見精采財官兩旺　四十一歲至五十歲。鼻準豐厚。日見進益　尤以四十八歲超優　惜蘭台廷尉欠齊故四十九歲五十歲瑕瑜互見　五十一歲至六十五歲　庫倉不滿　水星端正　下停豐厚　自能秩厚班崇　兒孫繞膝也

胡敦復

眉濃有彩　目秀藏威　掌宮八卦不滿　紋深且細　金木二星　輪廓明潤　幼運暢達克享父蔭　天中（十五）至中正（廿五）　天庭骨及日月角骨峙立　主貴才名　富于學術　邱陵（二十六）至山林（卅）　驛馬豐廣　印堂平闊　如負笈海外　聲望益著

凌雲(卅一)至少陰(四十) 眉目得中停精采 於學界多所提創 一時英俊 悉列門牆 本身財進亦旺 惜奸門太陷 魚尾下垂 於妻宮多尅 山根(四一)至延尉(五十) 鼻樑稍陷 兩顴亦未相稱 益以魚尾之氣下垂 此十年中 如不刑尅迭見 本身必多波折 人中(五一)至承漿(六一)鬚黑有光澤 虎耳骨亦起 水星端正 權位日益隆崇 頤指如意 地庫(六二)至地閣(七一) 陂鵝豐滿 下停朝拱 晚運亦極娛適

鄭梅雄 日人

眉濃帶彩 目秀藏威 鼻如懸膽 掌宮八卦平滿 且爲人心田仁厚 器宇汪洋 尤爲心相所貴 論其行運 兩耳輪廓分明 克承父陰 天中(十五)至中正(廿五)司空平闊 日月角骨峙立 行運甚暢 邱陵(廿六)至山林(卅) 驛馬及印堂俱狹 殊不見住 凌雲(卅一) 至少陰(四十) 眉采瞳威 財官兩旺 山根(四十一)至水口(六十) 土星敦厚 倉庫豐滿 此廿年於實業上定能發展 富勝于貴也

王一堂

鼻挺準隆。兩顴拱輔。貴基于此、且爲人器宇深宏。才識卓越。殊不可及。金木二星。明潤垂珠、幼運暢達。天中（十五）至山林（卅）天庭嵬巍。印堂高闊。故能擒髭科第。凌雲（卅一）至彩霞（卅四）、眉細見底。亦甚可取。太陽（卅五）至少陰（四十）、眼神蘊蓄。扶搖直上。敢作敢爲。山根（四一）至年上（四四）。精光欠豐。恐遭刑獄之災。壽上（四五）至鼻準（四八）、顴鼻環抱。東山再起。故一度督皖。惜蘭（四九）廷（五十）仰露。稍形駁雜、人中（五一）至法令（五七）鬚硬色潤。法令分明。此七年富貴兼全。震驚一世 五八歲虎耳不起。宜勇退

王正廷

眉宇疏秀。目神澄澈。地閣朝拱、尙皆足取。金木二星。鮮潤圓明。幼多聰慧。天中（十五）至山林（卅）天庭凸突。印堂平闊。宜其負笈海外。以文行稱。凌雲（卅一）至少陰（四十）眉目得中停精采。此十年中。官星極旺。揖讓雍容。折衝禦侮。山

根（四一）至廷尉（五十）兩顴不起。蘭廷欠齊。多翱翔不定之象。人中（五一）至水口（六十）虎耳骨不起　瑕瑜互見。承漿（六一）至地閣（七一）下停朝拱。自能大展經猷、名聲位重。晚景亦順。

曾毓雋

眼神蘊蓄。鼻樑挺直。倉庫豐滿。皆行運最佳部位也。兩耳廓反。幼防身弱　天中（十五）至山林（卅）　天庭圓突　司空平滿　以文行見重于時。凌雲（卅一）至彩霞（卅四）　兩眉疏細見底　嶄然露頭角。太陽（卅五）至年上（四四）。眼睟藏神。鼻樑挺直　此十年扶搖直上。權位隆崇。壽上（四五）至廷尉（五十）。兩顴不起。蘭廷欠滿。多瑾瑜匿瑕之象。防不虞之毀。人中（五一）至法令（五七）　倉庫俱見豐滿

○財權甚旺位顯名尊○虎耳（五八）骨不起○宜勇退○

張敬堯

眉目威煞並見○印堂高闊○兩耳輪廓較遜○天中（十五）至中正（廿五）○天庭欠豐○幼運平淡○邱陵（廿六）至山林（卅）○印堂高闊○漸入佳境○凌雲（卅一）至少陰（四十）眉目威煞並見○所謂有賞有煞○宜其屢著戰功○擢升湘督○惜奸門（卅九四十）太陷○定多波折○山根（四一）至壽上（四五）精光欠豐○仍無足取○左顴（四六）至廷尉（五十）顴鼻成三星相聚之形○主重握兵柄○復著聲威○人中（五一）至法令○淺狹不深○則水滯而不流○宜功成身退○怡樂林泉○

徐鴻賓

眉宇清疎○目神瑩澈○顴鼻拱輔○掌如噴火○實多可取○金木二星○輪廓較遜○幼防刑尅身弱○天中（十五）至中正（廿五）天庭骨屹立○日月骨欠豐○雖學業銳進○處境殊難如意○邱陵（廿六）至山林（卅）驛馬欠豐○命運屈英雄○古今來埋沒幾多

健者。凌雲(卅一)至少陰(四十)、眉秀目瑩、扶搖直上、權位日隆、財運尤旺。惟奸門(卅九四十)稍陷。防破財駁雜。山根(四一)至廷尉(五十一)鼻樑挺直、顴鼻拱輔。三星相聚、氣勢極爲雄厚、尤以四五至五十爲優。自能榮聽綸音。秩晉特任。出則平章百姓。入則備位六官、極一時之盛、人中(五一)至仙庫(五三)、部位欠平滿、宜勇退。五四至五七庫令較豐。主再起、晚景優游

李升培

鼻如截筒、倉庫平滿　地閣朝拱　主爲人胸襟遠大　智慮深宏　論其行運、兩耳長大垂珠　克享父蔭　金城骨隆起　印堂平闊　故卅歲以前　漸露頭角　惜眉尾略垂、煞氣較重、宜於軍警、不利文官、三五　至四十八　眼大神足、鼻肉停勻　有蒸蒸日上之勢　四十九五十兩年、蘭廷欠滿、似無可取。五十一至六十五　倉

庫平滿，下帶地閣，扶搖直上，不難職重試功，本周禮地官之職，任殿計吏，儗古時冢宰之尊。

遂長增

兩眉高懸。鼻如截筒，金木二星，輪廓明潤。天庭骨及日月角骨豐滿。印堂平闊。故卅歲以前。行運甚順，早入仕途。遭際亦頗不惡。凌雲（卅一）至彩霞（卅四）。兩眉獨高。細秀清翠。財權兩旺、太陽（卅五）至少陰（四十）。眼睟神足。故身列議會。惜奸門（卅九四十）稍昭，仍難所至從心。山根（四一）至廷尉（五十）。鼻如截筒，此十年中。奮翼滻池。聲望益著。惟兩顴稍平。稍形減色。人中（五一）至地庫（六三），倉庫平滿，水口端厚。自能頤指如意。晚景福壽俱全。

孫潤宇

眉宇軒朗。目神秀逸，鼻挺顴峙，實多可取。兩耳輪廓分明，幼運暢達。天中（十五）至彩霞（卅四）。頭角岩嶷峙立，眉清見底，故克摘髭科第。負笈東瀛。太陽（一卅五）至少陰（四十）。兩目黑白分明。宜其置身議會。資望深宏。山根（四一）至廷尉（五十）。鼻樑挺直。兩顴拱輔。尤能位顯名尊。惜蘭廷不齊。美中不足　人中（五一）至法令（五七）倉庫平滿。不難風高八座　位列三台。餘運平淡。

陳肇沂

兩耳有珠。天庭隆突。眉帶彩色。目神藏威。掌宮八卦豐滿。且爲人心田仁厚。樂善好施。重信義。顧言諾。得心相之貴者。金木二星。長大垂珠。幼年敏慧。克承父蔭。天中（十五）至中正（廿五）。天庭圓滿。司空平正。漸露頭角。見重士林。邱陵（廿六）至山林（卅）。驛馬豐廣。日異月新。凌雲（卅一）至少陰（四十）。眉彩暗威。如春水行帆。載酒中流。迭握財權。政聲卓越。山根（四一）至壽上（四五一)。鼻樑挺直。資望尤隆。作事具定見。名利并茂。四十六歲至五十歲。顴鼻拱輔。有喬木鶯遷之象。人中(五一)至水星(六十)。鬚細有光澤。水星端正。此十年中。聲華愈著。行運亦順。承漿(六一)至奴僕(七三)。陂鵝俱平滿。地閣朝拱。不難大展經綸。老當益壯。位顯名尊。且雛鳳聲清。陶然作封翁矣。

何海鳴

天庭圓滿豐隆。主爲人才氣橫溢。逸藻雲飛。惜眼神太露。一生多風險。論其行運兩耳明瑩。幼多穎悟。天中(十五)至司空(廿二)頭角崢嶸。爲士林所重。邊城(廿三)至山林(卅)。驛馬豐廣。印堂欠闊。雖際會風雲。權代蘇督。但爲時甚暫。旋即去職。凌雲(卅一)至少陰(四十)。兩肩細長有彩。雙瞳神光太露。得失無常。優劣互見。山根(四一)至鼻準(四八)。土星敦厚。仍可振作有爲。惟蘭(四九)廷(五十)稍露。宜防駁雜。人中(五一)至法令(五七)。倉庫平滿。晚年行運仍順。

孫發緒

眉秀目瑩。水星端厚。掌宮三峯高聳。主爲人善辯論。長社交。才識卓異。兩耳圓明。幼多聰慧。天中(十五)至山林(卅)。天庭圓突。驛馬豐廣。卅歲以前。嶄然露頭角。凌雲(卅二)至少陰(四十)。眉目得中停精采。扶搖直上。權位日隆。兩瞳尤睟。故卅八歲一度長晉。山根(四一)至廷尉(五十)。土星敦厚。精光欠豐。蘭廷不齊。多瑾瑜匿瑕之象。實難如意。人中(五一)至地庫(六三)。鬚秀美。有光澤。水星端正。承漿豐滿。爲平生最佳之運。事業未可限量。晚景怡然。

嚴璩

眉目顴鼻。俱見精采。天庭巃嵸作勢。一生行運極順。兩耳明瑩。天庭骨及日月角骨屹立。故廿八歲以前。已摘髭科第。廿九歲爲監理官。少年得意。殊不多見。凌雲(卅一)至少陰(四十)。眉秀目瑩。財權日旺。山根(四一)至鼻準(四八)。鼻樑挺直。顴峙準隆。惜上停驛馬之氣。未能下貫。是以四七歲四八歲。迭長鹺政。爲時甚暫。人中(五一)至承漿(六一)。倉庫盈滿。自能厚秩崇班。名震海內。

談荔蓀

人近土形　敦厚穩重。大富之徵也。金木二星　圓厚明瑩　克享父蔭。幼運暢達。天中（十五）至中正（廿五）　天庭及日月角骨齊起。主負笈海外。少有文名　邱陵（廿六）至山林（卅）　驛馬欠豐。際遇雖隆　仍難展其抱負　凌雲（卅一）至彩霞（卅四）。眉清細見底　官星日旺。權位隆崇　太陽（卅五）至少陰（四十）。日睟藏神有鶯遷喬木之象。名利并茂　山根（四一）至廷尉（五十）。鼻樑挺立。顴鼻拱輔　不特本身財旺。且於金融界建樹設施・利民富國。尤足稱焉。人中（五一）至承漿（六一）　倉庫等部平滿。虎耳骨齊起。水星有稜角。此十年中　鑄山潤屋　鬭智爭時。身心愈娛適。地庫（六二）至奴僕（七三）　得地閣朝拱之勢　晚景極順。

戴陳霖

人近水形、天庭圓滿。眉細目秀。鼻準敦實。掌宮三峯高聳。金木二星　輪飛廓反　恐刑傷身弱　天中（十五）至中正（廿五）　天庭骨及日月角骨齊起　慧由天悟。雅負

冰鑑

文名。邱陵（二六）至山林（卅）驛馬豐廣。印堂平闊。負笈海外。見稱于時。凌雲（卅一）至少陰（四十）眉宇疎秀。目神蘊蓄。此十年中際遇日隆。升遷迭見。惜左右奸門太陷。魚尾如拂帚。妻宮多舛。且艱於子嗣。或得子較晚。山根（四一）至廷尉（五十）。三星相聚。準頭厚實。官星極旺。自能秉持使節。徧歷歐西。人中（五一）至承漿（六一）。鬚細見底。虎耳亦起。水星端正。如春水行帆。所至皆順。地庫（六二）至地閣（七一）下停朝拱。陂鵝亦滿。晚運極佳。

吳景濂

頭大目瑩。兩耳有珠。惜眉尾短散。眼頭露肉。故一身風波極大。論其行運。卅歲以前。上停勢極雄厚。主負才名。凌雲（卅一）至彩霞（卅四）。眉短尾散。殊不見佳。太陽（卅五）至少陰（四十）目睟藏神。宜其際會風雲。榮長參院。山根（

四一）至廷尉（五十）。鼻樑挺直。精光欠豐。蘭廷不齊。瑕瑜互見。人中（五一）至法令（五七）。鬚細少光澤。故奔走海內。卒無所成。虎耳（五八）至地閣（七一）。下停朝拱。仍可有爲。晚景亦順。

凌文淵

人爲木形。眉宇疎秀。目神瑩澈。主爲人器宇深宏。循循雅飭。兩耳輪廓稍遜。幼運平淡。天中（十五）至中正（廿五）。天庭骨及日月角骨屹立。少負文名。士林見重。邱陵至山林（卅）。驛馬欠豐。印堂平闊。美中不足。凌雲（卅一）至少陰（四十）。眉細長疎秀。目黑白澄清。此十年中。日新月異。振作有爲。且喬木鶯遷。宦運暢達。山根（四一）至廷尉（五十）。鼻樑挺立。骨肉停勻。自能位備六官。秩晋簡授。惜鼻高顴小。未得環抱氣勢。仍有陵歷鬬蝕之象。人中（五一）至承漿（六一）。鬚清秀見底。水星端正。地庫（六二）至奴僕（七三）。地閣朝拱。鬚尤秀美。且得中停氣勢下貫。此念餘年中。宜膺巽命。霖雨蒼生。不僅福國利民。且收名利雙輝之效。

田文烈

鼻如截筒。鬚秀色潤。地閣豐滿。掌宮八卦高聳。福壽格也。兩耳較遜。幼運平順

。天中（十五）至山林（卅）。亦屬平淡無奇。凌雲（卅一）至少陰（四十）。兩眉高懸。雙瞳有威。漸入佳境。山根（四一）至廷尉（五十）。顴鼻拱輔。乘風逐浪。財官兩旺。人中（五一）至鵝鳴（六五）鬚秀美光澤。陂鵝豐滿。此十五年。鍾鶴沖霄。行運之順。殊不多見。金縷（六六）至奴僕（七三）未見朝拱。故歸道山。

周作民

頭圓頂平。天庭豐滿。眉翠有彩。日神藏威。主爲人富思想。善策畧。精理財術。金木二星。輪廓較遜。幼運平淡。天中（十五）至中正（廿五）。金城及日月角骨齊起。主負笈海外。頗負才名。邱陵（廿六）至山林（卅）。驛馬豐隆。印堂平闊。知遇日隆。嶄然露頭角。凌雲（卅一）至少陰（四十）。眉目得中停之精采。扶搖直上。官星極旺。財運亦順。山根（四一）至廷尉（五十）。惜精舍（四二）光殿（四三）欠豐。蘭台(四九)廷尉(五十)稍露。是數年財多耗散。幸年上(四四)壽上(四五)骨肉停勻。兩顴(四六四七)環抱土星。不特掌握財權。統籌全局。且本身財運亦旺。所至從心。人中(五一)至法令(五七)。鬚硬見底。有光澤。如蓄長不剪。財運愈旺。名利兼輝。虎耳(五八)至地庫(六二)。水星端厚。地閣朝拱。晚景怡然。

胡筠

鼻如懸胆。口有稜角。買多可取。兩耳輪廓稍遜。幼運欠佳。天中(十五)至中正(廿五)。金城及邊地角骨。崔巍屹立。際遇日隆。嶄然露頭角。邱陵(廿六)至山林(卅)。驛馬豐滿。印堂平闊。自能奮翼瀰池。升遷迭見。凌雲(卅一)至彩霞(卅四)。眉如春山新霽。萬柳蕭疏。所至從心。財星愈旺。太陽(卅五)至少陰(四十)目神澄澈。秀而有威。不特權位愈高。且於金融界。多所建設。山根(四一)至廷尉(五十)。鼻如懸胆。三星相聚。此十年中。越國埋銅。卒成寶井。洛陽買地。便是金溝。人中(五二)至承漿(六一)仙庫食倉等部平滿。虎耳骨亦起。水星端正。行運仍極順利。富不可言。地庫(六二)至地閣。未見朝拱。較前稍遜 晚景優游。

孟錫珏

天庭五指骨隱伏。得相之奇者。兩耳厚大圓潤。主聰慧異常。且享祖業。天中(十五)至中正(二五)。天庭豐隆。五指骨隱伏。當能靑雲得路。紫陌尋春。邱陵(廿六)至山林(卅)。驛馬豐滿。印堂平闊。尤應玉署高寒。瀛洲浩渺。凌雲(卅一)至少陰(四十)。眉帶彩色。目神藏威。主爲人剛正不阿。生氣嚴肅。於仕途頗著政聲山根(四一)至廷尉(五十)。顴鼻相輔。置身顯仕。振作有爲。惜精(四二)光(四三)欠豐。蘭(四九)廷(五十)不齊。略形駁雜。難免破財。人中(五一)至水口(六十)。庫倉等部平滿。虎耳骨齊起。行運平順。權位尤隆。承漿(六一)至地閣(七一)。此十年中。得地庫朝拱之勢。桑楡晚景。龍馬精神。身心較前尤適矣。

陳福頤

形爲五小。眉宇疏秀。目神瑩澈。掌宮八卦豐滿。生有奇紋。主爲人靜默簡潔。應變知微。善交際、重人材、金木二星、輪飛廓反。幼年刑尅多病、天中(十五)至中正(廿五)。天庭及日月角骨齊起、負笈海外。少有才名。邱陵(廿六)至山林(卅)、印堂平闊、驛馬欠豐、際遇雖隆、財源不足。凌雲(卅一)至少陰(四十)、眉清疏秀。目神蘊蓄。且能奮鬣灑池。扶搖直上、官榮祿厚、財運亦旺、山根(四一)至光殿(四三)、因精(四一)光(四三)稍陷。多起落不定之象。且多危險、四四歲起四八歲止。年壽上骨肉停勻、主再起、惜右顴(四七)畧低、鼻準(四八)未得環抱之勢、仍防破財。蘭台(四九)至法令(五七)、鬚如蓄長不剪、此九年中。宜臂巽命。霖雨經猷、五八以後、因虎耳骨不起、宜勇退。

蔡國器

人爲水形、喜動不喜靜。眉彩眼大、掌綿足厚。富貴實基於此、主爲人多策畧、善

交際。臨機應變。人所不及。兩耳圓明。克承父蔭。天中（十五）至中正（二五）髮低壓。天庭骨及日月角骨欠平滿。得失互見。邱陵（廿六）至山林（卅）驛馬尚豐。印堂平闊。雖早登仕版。財則不足。凌雲（卅一）至彩霞（卅四）。眉濃帶彩。此四年中。際遇日隆。且掌握財權。官榮祿厚。身心亦極娛適。太陽（卅五）至少陰（四十）。眼秀神足。惜眼頭（卅五卅六）稍形露肉。奸門（卅九四十）亦陷。多翱翔不定之象。破財殺雜。層出不窮。山根（四一）至光殿（四三）。精光欠豐。行運平順。年上（四四）至準頭（四八）。土星骨肉停勻。應有特殊知遇。氣象更新。權位隆崇。財源充沛。惜蘭（四九）廷（五十）。仰露。防破耗。人中（五一）至水星（六十）。上髭秀潤。位顯名尊。行運暢達。

陸夢熊

鼻如懸胆。兩顴環抱。且爲人愛汲引。重人材。念故舊。賙親友。人所不及。金木二星。輪廓圓明。幼運平順。天中（十五）至中正（二五）司空平闊。金城骨齊起。以

文行見稱于時。邱陵（廿六）至山林（卅）。驛馬欠豐。印堂不闊。得失互見。凌雲（卅一）至少陰（四十）眉細帶采。目神藏威。知遇日隆。升遷迭見。山根（四一）至延尉（五十）。鼻樑挺立。權位益隆。勳勞卓著。惜兩顴（四七四八）無驛馬之氣下頦。蘭（四九）廷（五十）欠齊。稍形駁雜。人中（五一）至法令（五七）庫倉諸部俱滿鬚如蓄長不剪。望隆可貂。重長六宮。五八以後。行運平順。晚景怡然。

徐謙

目睟藏威。顴鼻拱輔。戟術排列。地閣相朝。掌宮三峯高聳。紋深且細。實多可取。金木二星。輪廓欠明。幼運不順。天中（十五）至山林（卅）。金城驛馬等骨。未見豐滿。雖學業銳進。雅負文名。恐有知遇非時之憾。凌雲（卅一）至彩霞（卅四）。眉濃有煞。惜身爲文人。煞不得用。殊不足取。太陽（卅五）至少陰（四十）。目光澄澈。黑白分明。有鐘鶴沖天之象。山根（四一）至延尉（五十）。三星相聚。形勢雄厚。不僅官星極旺。且財源充沛。惟蘭廷欠滿。此兩年瑕瑜互見。人中（五一）至法令

冰鑑　圖六

（五七）鬚如不剪。得中停下注之氣。仍可有為。五八至七三。虎耳骨突起。地閣朝拱。戟髯粗硬如鐵線。此十五年。定能榮膺異命。大展經綸。名利雙輝。功勛炳耀。

林鴻集

頭圓頂平。顴鼻相輔。且為人處心有道。行己有方。循循君子也。胸襟遠大。金木二星。輪廓欠明。幼運平淡。天中（十五）至中正（二五）。龍角骨及日月骨未見隆突。有懷才不遇之象。邱陵（二六）至山林（卅）。印堂平闊。驛馬欠豐。際遇漸降。雖大展抱負。陵雲（卅一）至少陰（四十）。眉清見底。目秀藏神。自能奮展摩天。陵宵直上。遭逢之運。盛極一時。惜奸門（卅九四十）稍見低陷。優劣並見。山根（四一）至廷尉（五十）。鼻樑骨肉停勻。益以兩顴拱輔。氣勢雄厚。此十年中鴻毛風順。權位隆崇。財源充沛。身心亦極安逸。人中（五一）至法令（五七）。庫倉等部平滿。勛勞尤著。虎耳（五八）至地庫（六三）地閣未朝。宜乞閒身。優游林下。

錢永銘

天庭隆突。頭角崢嶸。眉宇清秀。目神瑩澈。掌宮八卦平滿。生有奇紋。主爲人精細幹練。善策劃。長理財。金木二星。圓明色潤。慧由天悟。天中（十五）至中正（廿五）司空平闊。金城骨隆起。日月角骨相稱。少而英明。才華卓越。邱陵（廿六）至山林（卅）。驛馬豐滿。印堂平闊。躍登仕版。見知於時。凌雲（卅一）至彩霞（卅四）。眉細帶彩。升遷迭見。惜眉宇疏散。財多破耗。太陽（卅五）至少陰（四十）。目秀藏神。權位愈隆。資望益著。惜眼頭稍形露肉。奸門略陷。於金融界雖多設施。但本身財運。仍形不足。山根（四一）至廷尉（五十）鼻樑挺立。氣勢雄厚。如春水行帆。名利并茂。惟蘭（四九）廷（五十）欠滿。略見駁雜。人中（五一）至法令（五七）。部位平滿。行運仍順。五八虎斗骨不起。宜勇退。

張同禮

頭圓頂平。眉濃帶彩。且爲人重氣節。求賢若不及。亦得心相之奇者。金木二星。

長大明潤。慧由天悟。秀澈風神。天中(十五)至中正(廿五)。印綬骨及日月角骨屹立。少負才名。且主早仕。邱陵(廿六)至山林(卅)驛馬豐滿。印堂平闊。自能鸞翮冲天。鯤鱗逐浪。秩晉簡任。少年顯貴。人所不及。惜山林稍陷。主破財去職。凌雲(卅一)至彩霞(卅四)眉如兩山新霽。彩色映輝。此四年應有特殊知遇。榮膺異命。大展經猷。爲一生最旺之運。太陽(卅五)至少陰(四十)。眼神不足。難免駁雜

山根(四一)至廷尉(五十)顴鼻未見拱輔。多翺翔不定之象。餘運平淡

孫棣三

人爲木形。顴鼻環抱。掌宮三峯高聳。紋深且細。且爲人器宇汪洋。兼富才識。愛汲引。念故舊。心相亦多可取。金水二星。輪廓圓明。克享祖蔭。天中(十五)至中正(二五)。福堂骨隆突峙立。才華優異。早登仕版。邱陵(二六)至山林(卅)。驛馬豐滿。印堂平闊。不僅乘風破浪。權位日隆。且雅善經營。財運尤旺。凌雲(卅一)至彩霞(卅四)。眉首翠秀帶彩。眉尾疏散氣弱。此四年中。財源大有起落。太陽(卅五)至少陰(四十)。眼神蘊蓄。惜眼頭露肉(卅五卅六)。奸門(卅九四十)深陷。有瑾瑜匿瑕之象。山根(四一)至廷尉(五十)。鼻樑挺立。兩顴拱輔。自能鴻毛風順

。氣象一新。榮聽綸音。位晉特任　人中(五一)至法令(五七)　深長寬闊　下帶地閣。功勛炳耀　五十八以後　下停勢弱　宜乞閑身　優游林下

許造時

耳白於面。顴鼻拱輔　玉柱直上離宮　巽卦現金井紋　主為人宏達英明。遠慮無惑善交際　重信諾。兩耳輪廓明潤　幼運暢達　天中(十五)至中正(廿五)　天庭骨嶒崚峙立。主際遇日隆　早登仕版。邱陵(廿六)至山林(卅)　印堂平闊　驛馬欠豐　多翱翔不定之象。凌雲至彩霞。眉頭清細　眉尾短促　主三十一二歲際會風雲。三十三四歲。定見波折。太陽至少陰　瞳神蘊蓄　惜眼頭(三五三六)露肉。奸門(三九四十)深陷。瑕瑜互見。山根(四一)至廷尉(五十)三星相聚　自能榮聽綸音。晉秩特任。惟蘭(四九)廷(五十)大小不齊。此兩年務宜退守　人中(五一)至地閣(七一)　倉庫陂鵝等部平滿　復得下停朝拱之勢　此念年內。版部風清　鹽鐵領三司之制　大農月計　圜泉綜六府之藏。

郭世綸

天庭龍縦崔巍 如山峯之突起 富貴實基於此 兩耳輪廓明潤 主享祖蔭 幼運暢達 天中(十五)至月角(十八) 日月角骨屹立 主強學博覽 雅負才名 天庭(十九)至中正(二五) 天庭隆起 此數年中 身列戎行 飛黃騰踏 春山旗展 署路霜飛 極一時之盛 邱陵(二八)至山林(卅) 印堂平闊 驛馬欠豐 瑕瑜互見 凌雲(卅一)至彩霞(卅四) 眉帶彩色 當重握兵柄 惜眉尾疎散。仍多煩惱之象 太陽(卅五)至少陰(四十) 眼頭略形露肉 奸門(卅九四十)亦陷。宮星欠利 財帛亦多破耗 山根(四一)至廷尉(五十) 鼻樑挺立 顴鼻拱輔 此十年中。權位隆崇 資望宏富。於實業上尤多建樹 惟蘭(四九)廷(五十)不齊。稍有駁雜。人中(五一)至法令(五七)。鬚細而有光澤。如蓄長不剪。行運極順。

葉恭綽

眉宇清疎 目神秀澈。顴鼻拱輔。至貴格也。金木二星。輪飛廓反。幼運平淡。且多病。或刑尅。天中（十五）至中正（廿五）。天廷隆突。金城骨巃嵸峙立。主富學術。能文章。邱陵（廿六）至彩霞（卅四）印堂平闊。羅計兩星。細秀見底。是數年中。行運極順。權位日益隆崇。太陽（卅五）至少陰（四十）。瞳睟而有光。黑白分明。惟眼頭稍形露肉　仍有起落不定之象。山根（四一）至壽上（四五）。因精舍（四二）光殿略陷。復多駁雜。年壽上（四四四五）。骨肉停勻。主東山再起。兩顴（四六四七）至鼻準（四八）。因顴略見高低。美中不足。幸能三星相聚。環抱準頭。故四八歲應有特殊起色。蘭台（四九）至廷尉（五十）。兩部欠豐。人中（五一）。至法令（五七）。鬚清而細。行運仍順。

江朝宗

晴光明照。顴鼻拱輔。鬚秀美色潤。地閣豐隆。洵奇格也。論其行運。兩耳長大垂珠。天廷方闊。金城邊地等骨。岩巃峙立。山林豐滿。故卅歲以前。日新月異。行運頗順。凌雲（卅一）至少陰（四十）。眉目威煞幷見。故自卅七歲起際遇尤隆。山根

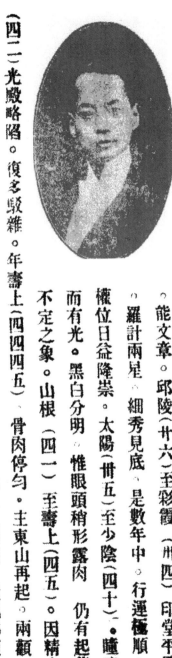

（四一）至法令（五七）三星相聚。形勢雄厚。上髭秀美色潤。此十七年間。扶搖直上。置身顯仕。資望深宏。行運之順。殊不多見。虎耳（五八）至地庫（六三）虎耳骨不起。地庫未朝。故下野。陂池（六四）至奴僕（七三）。下停豐滿。桑榆晚景。福壽雙全。

冰鑑像

鍾世銘

眼睟藏威。黑白瑩澈。鬚眉鬢三濃相配。主爲人胆識偉大 重人材。愛汲引。求賢若不及。心地仁厚。心相亦多可取。金木二星。垂珠貼肉。幼年敏慧。天中（十五）至中正（廿五）。天庭及日月角骨峙立 以文行稱。見知於時。邱陵（廿六）至山林（卅）。驛馬欠豐。韞匵而藏。懷才莫展。陵雲（卅一）至彩霞（卅四）。眉帶彩色知遇漸隆。太陽（卅五）至少陰（四十）。日光炫燗。鷲翮雲霄。總綰鹽政。山根（四一）至光殿（四三）。鼻樑挺直。應有晉秩之慶。奈精光太陷。難免刑獄之灾。年壽上（四四四五）。骨肉停匀。宜再起。聲望益著。財運亦旺。兩顴（四六）（四七）畧見高低。官星似稍欠利。鼻準（四八）至法令（五七）鼻準敦實 鬚硬有光澤。自能榮聽綸音、晉秩特任。功勛卓著。名利雙輝。虎耳（五八）至地庫（六三）。諸部平滿。行運仍順、晚景怡然

王文典

天庭圓潤豐隆、眉宇軒朗。目神瑩澈 土星敦實 兩顴拱輔 人中深長。地閣朝拱。主爲人器度深宏。才識偉大。其清風拂袂。有超軼絕塵之慨、洵不多覯。金木二星 輪廓明瑩幼年敏慧。天中（十五）至中正（二五）、天廷骨及邊地骨、嶔巍屹立 早露頭角。邱陵（二六）至山林（卅）。印堂平闊 行運暢達。凌雲（卅一）至少陰（四十）。眉清目晬、處境日優 財運益旺、山根（四一）至廷尉（五十）、鼻樑挺立。氣能貫頂。且兩顴環抱。形勢愈厚。自能奮翼天池、權高位顯。尤以四十七八歲爲尤佳。若入政界、有一躍登天之象 惟蘭（四八）廷（五十）稍缺 美中不足。人中（五一）至地閣（七一）。倉庫不滿 水星端正 地庫朝拱。此廿年秩厚班崇。名

震海內。

安迪生

北人南相。耳珠朝口。眉目清秀。顴鼻相輔。地閣朝拱。掌宮巽卦生一字紋。面相掌相俱富勝於貴之格也。且為人器宇深宏。熱心公益。尤得心相之助。兩耳闊厚明瑩。克享祖蔭。天中(十五)至中正(二五)。天庭圓滿。司空平正。行運暢達。邱陵(廿六)至山林(卅)。印堂高聳。驛馬欠豐。得失互見。凌雲(卅一)至彩霞(卅四)。眉長細清翠。漸入佳境。惟眉骨獨高。主秉性高昂。不喜苟合。太陽(卅五)至少陰(四十)。眼秀神足。此六年中。財源充沛。權位日隆。惟奸門魚尾深陷。刧財亦重。山根(四一)至廷尉(五十)。顴鼻環抱。資望益著。位重名尊。身心亦極安適。人中(五一)至仙庫(五三)。上髭剪短無氣。色復不潤。參差欠齊。恐有不虞之毀。食倉(五四)至法令(五七)。略見起色。虎耳(五八)至水星(六十)。虎耳骨隆起。水口端厚。運仍平順。承漿(六一)至兩腮(七五)。地閣隆拱。不僅子孝孫賢

○福壽兼備○且六二六三七十及七十一歲、尤有驚人之設施○福國利民○功高一世

唐家驥

面帶重城○北人南相○眼神充足　鼻如截筒○洵不多見○金木二星○輪廓稍遜○幼運平淡○天中（十五）至中正（二五）○天庭圓滿　行運暢達○邱陵（二六）至山林（卅）○驛馬豐廣○印堂平闊○雅善經營○官星亦旺○凌雲（卅一）至彩霞（卅四）　眉疎散短促○財帛破耗○一敗塗地　太陽（卅五）至少陰（四十）○目神蘊蓄○應逢奇遇　禹貢彈冠○山根（四一）至廷尉（五十）○鼻樑挺立○蒸蒸日上○財官幷茂○目氣勢雄厚　身心安逸○實不可及○惜蘭廷稍露○宜防破耗○人中（五一）至承漿（六一）○寬闊且長　虎耳亦起　水星端厚○此十年中　行運極順○名利雙輝○地庫（六二）至地閣（七一）○諸部俱豐○克引榆年○

周家琛

人似金形○眉目秀澈　掌宮綿厚○紋深且細○主爲人器宇汪波○雍容儒雅○金木二

星。輪廓圓明有珠。慧由天悟。天中(十五)至中正(二十五)、頭頂骨正圓而平。邊地骨亦從峙立。當能摘髭科第。拾芥功名。邱陵(廿六)至山林(卅)。驛馬豐廣。印堂不闊。主早登仕版。頗著政聲。凌雲(卅一)至少陰(四十)。眉目秀澈、此十年中。繼翮雲霄。乘風直上。權位日益隆崇。財運亦順。山根(四一)至廷尉(五十)。土星敦厚。惜兩顴不能峙立。精(四三)光(四二)欠豐。蘭(四九)廷(五十)不滿。作事偏於名譽。而無實權。且財帛耗散。多煩鬱不定之象。人中(五一)至水口(六十)。鬚清秀見底。倉庫俱滿。水口端厚。仍克振作有爲。官榮祿厚。財亦充沛。身心娛適。晚景怡然。

章炳麟

頭圓頂平。五指骨隱伏。宜爲一代古文家也。金木二星圓明垂珠。慧由天悟。天中(十五)至山林(卅)。偏將五指骨諸部。文思愈進。凌雲(卅一)至少陰(四十)。眉目秀瑩。行運暢達。尤發憤專於文學。山根(四一)至廷尉(五十)。鼻如懸胆。仕途頗順。財運亦旺。人中(五一)至水口(六十)。諸部平滿。虎耳欠起。故學成而道益窮。年老與世多齟齬。承漿(六一)至地閣(七一)。高闊豐隆。地庫朝拱。此

十年振作有爲　老境極順。

陳光甫

頭圓頂平。天庭豐滿。鼻樑挺立。掌宮福祿德三峯高聳。生有奇紋。主爲人精明幹練。富有胆識。金木二星。輪廓稍遜。幼運欠佳。天中(十五)至中正(二五)。金城骨及日月角骨齊起。主有特殊知遇。一鳴驚人。邱陵(二六)至彩霞(卅四)。驛馬豐滿。印堂平闊。眉宇清秀。主負笈海外。學業銳進。見重士林。太陽(卅五)至少陰(四十)。目波瑩澈。此六年中。嶄然露頭角。大展抱負。惟雙瞳少威。故卅七八兩年難免駁雜。山根(四一)至廷尉(五十)。顴鼻拱輔。年壽上骨肉停勻。於財政上尤多建設。聲望日隆。惜蘭廷仰露。難免破財。人中(五一)至水口(六十)。諸部平滿收名利雙輝之效。承漿(六一)以後。下停未見朝拱。餘運平淡。

張德熙

兩耳明潤有珠。眉宇疎秀。目神蘊蓄。掌宮八卦平滿。生有奇紋。且爲人虛懷若谷。念故舊。重鄉情。心相亦多可取。金木二星。圓明鮮潤。克享父蔭。幼極敏慧。天中(十五)至山林(卅)。司空平闊。日月角骨峙立。主負笈海外。見重士林。凌雲

（卅一）至少陰（四十）。眉眼得中停之精采。扶搖直上。權位隆崇。財亦愈旺。惜奸門（卅九四十）略陷、若不尅妻、則艱於子嗣。山根（四一）至廷尉（五十）。顴鼻相配如春水行帆、載酒中流、順風前進、身心至為娛適。聲望尤著、惜蘭廷仰露、防破財駁雜、人中（五一）至水星（六十）。庫倉平滿、虎耳齊起、水星端正。此十年中。財源愈順。富勝於貴。承漿（六一）至地閣（七一）陂鵝俱滿。晚景怡然。

程祖福

頭圓頂平。眉眼秀澈。掌宮三峯聳起、且為人心田仁厚。器宇雍容。心相實多可取兩耳色如瑩玉。天庭豐滿、主卅歲以前、才華卓著。早登仕版、凌雲（卅一）至少陰（四十）。眉眼為一生精采、故得兒童竹馬。民吏截鞭、所至有政聲。山根（四一）至廷尉（五十）準隆鼻厚。財運頗旺、人中（五一）至承漿（六一）倉庫法令等部欠滿。故內除、有瑾瑜匿瑕之象、地庫（六二）至奴僕（七三）下停雖略短。但部位尚豐、復得心相補益、老來蔗境、仍可有為。

鹿．閎世

人爲土形。身軀厚重。龜背鶴息。富貴格也。且爲人心田仁厚。器宇雍容。心相亦多可取。兩耳輪廓圓明。幼多聰慧。天中（十五）至中正（廿五）天庭豐滿。邊地骨隆起。行運暢達。邱陵（廿六）至山林（卅）。驛馬豐廣。印堂平闊。早登仕版。遭逢之運日隆。凌雲（卅一）至少陰（四十）眉清見底。眼小有神。一帆風順。資望深宏。惜奸門（三九四十）畧陷。防駁雜破耗。山根（四一）至廷尉（五十）。精光不豐。顴低鼻小。蘭廷欠滿。幸眉眼氣能下貫。瑕瑜互見。若顴峙鼻隆。此十年中。位至特任矣。人中（五一）至地閣（七一）。部位豐滿。地閣朝拱。奮翼滙池。當有特殊奇遇。官星極旺。富不可言。晚景殊佳

吳秉澂

天庭隆突。眉眼秀澈。掌則八宮豐滿。生有奇紋。主爲人恬靜深淵。胸襟遠闊。愛才好士。殊不多見。金木二星。輪廓明而有珠。幼年敏慧。且享上人餘蔭。天中（

十五）至中正（二五）。三指骨隱伏、氣勢雄厚。不僅少負才名。且主早仕。嶄然露頭角。邱陵（廿六）至山林（卅）。驛馬豐廣。印堂平闊。際遇極隆。行運甚順。凌雲（卅一）至少陰（四十）。眉目得中停精采。一帆風順。所至從心。資望益著。山根（四一）至廷尉（五十）土星獨隆突敦實。惜兩顴較低。形勢銷弱。浮寄孤懸。幸上停天庭豐聳。氣能下貫。眉目映照。仍多可取。行運暢達。人中（五一）至法令（五七）諸部平滿。大展經綸。官榮祿厚。餘運不淡。

馮閱模

人為木形。面近五露、掌宮生金井紋、顏色瑩潤。細秀且長。能得木形之真。大貴之格也。兩耳無廓無珠。幼多刑尅。天中（十五）至中正（廿五）。金城骨豐聳峙立。主負笈海外見重士林。邱陵（廿六）至山林（卅）印堂平闊。驛馬稍狹。故官星雖旺。仍難大展懷抱。凌雲（卅一）至少陰（四十）眉清見底。目神蘊蓄。

以三七三八歲為尤佳。宜其升遷迭見。晉秩簡任。山根（四一）至廷尉（五十）精光

欠豐。兩顴無柄。蘭廷未滿。多瑾瑜匿瑕之象。惟四八歲鼻準豐隆。應有特殊際遇。於財政機關。獨當一面。人中(五一)。至法令(五七)。鬚如蓄長不剪。色潤見底。爲一生最佳之運。定能榮膺特任。大展經綸。事業未可限量。五八歲以後。虎耳骨未隆起。宜勇退。

葛敬猷

目神蘊蓄。鼻如截筒。掌宮八卦豐滿。顏色鮮明。紋深且細。主爲人精細幹練。操行整飭。重人材。愛汲引。金木二星。圓潤有珠。幼多聰慧。且承祖蔭。天中（十五）至中正(二五)。漸露頭角。以文行稱。邱陵(廿六)至山林(卅)。驛馬欠豐。恐困滯勞形。懷才不遇。凌雲（卅一）至彩霞（卅四）。眉尾下垂。仍不足取。太陽(卅五)至少陰(四十)。目睟神足。官星甚旺。財運亦充沛。惜奸門深陷。恐病厄身弱。山根(四一)至廷尉(五十)。鼻樑挺直。形似截筒。鴻毛風順。鐘鶴冲天。前則偏於名譽居多。今則掌握財權。尤多建設。位至簡特。人中(五一)至地閣(七一)。倉庫等部獨長。下停亦朝拱。此廿年身顯名尊。妻榮子貴。行運之順。實不多見。

張超

頭圓頂平。目神炫炯。顴鼻拱輔。鬚秀色潤。主為人魄力雄厚。才識深宏。論其行運。兩耳明瑩垂珠。幼運暢達。天中（十五）至中正（廿五）天庭骨及金城骨屹立。漸入佳境邱陵（廿六）至山林（卅）印堂平闊。驛馬豐廣。仕途顛順。凌雲（卅一）至中陰（卅八）。眉彩矓威。故克際會風雲　名震海內。且財源充沛。身心安逸。惜奸門（三九四十）稍昭。美中不足。山根（四一）至廷尉（五十）。顴鼻環抱。權位益隆。尤以四六歲至四八歲為尤佳　人中（五一）至法令（五七）鬚秀有光澤。官星愈旺。晚景怡然。

王承吉

天庭隆突。目神秀澈。鼻準敦實。且為人器宇雍容。秉性仁厚。心相亦多可取。金木二星　圓潤色鮮。天庭龍從。司空平潤　宜其摘髭科第。見重儒林　中正（廿五）至山林（卅）驛馬豐廣。際遇漸隆　凌雲（卅一）至少陰（四十）。眉清目粹　扶搖直上。官星極旺。尤以卅七卅八兩年為最佳　山根（四一）至廷尉（五十）。精光欠豐。

蘭廷不齊、瑕瑜互見。幸年壽上。骨肉停勻。顴鼻相稱。當能更上一層樓　還其抱負　人中（五二）主法令（九七）　庫倉盈滿、行運亦順。

沈恆

天庭隆突、鼻如懸胆。掌宮八卦平滿　生有奇紋、主爲人氣宇汪洋。重言諾。善社交。人所不及。金木二星、輪廓明潤。慧由天悟、天中（十五）主中正（廿五）。天庭骨及日月角骨頡頏得勢　主負笈海外　見重士林　邱陵（廿六）至山林（卅）　驛馬豐廣　印堂平闊　自能奮翼溫池　升遷迭見　凌雲（卅一）至少陰（四十）　眉濃帶彩、目秀藏威　鴻毛風順。鵬翻雲搏　際遇日隆　財源益足、惜奸門（卅九四十）太陷、防刑尅破財　於官星不利、山根（四一）主廷尉（五十）　土星敦厚　兩顴相輔

[illegible]

此十年中　應有奇遇　位躋簡特　且財源暢旺　富勝于貴　惟蘭（四九）廷（五十）稍形欠滿　美中不足　人中（五一）至法令（五七）　庫倉等部平滿　水星端正、行運極順、下停未見朝拱　宜乞閒身　林下優遊

郭引源

人近木形　顴鼻拱輔　掌則八宮豐滿　貴基於此　且爲人誠篤謹慎　重信尚義　心相亦多可取　兩耳明潤　幼運平順　天中（十五）至山林（卅）　以文行見稱　早登仕版　際遇甚隆　凌雲（卅一）至彩霞（卅四）　眉尾下垂　殊不足取　太陽（卅五）至少陰（四十）、兩目澄清　漸入佳境、山根（四一）至鼻準（四八）　鼻樑挺直、兩顴拱輔　此八年中、晉秩簡特、祿厚官榮　且作事有定見　克免因循苟安之習　人中（五一）至法令（五七）　部位豐盈、仍可有爲　五十八歲　宜勇退

王學曾

天庭隆突　鼻如懸膽　掌則三峯高聳　色如噴火　主爲人富於策略　機警應變。金

木二星。圓明有珠　克享父蔭。天中(十五)至中正(廿五)。天庭圓滿豐隆主早登仕版　官星極旺　邱陵(廿六)至山林(卅)　驛馬豐廣。印堂平闊。乘風逐浪　日異月新　淩雲(卅一)至彩霞(卅四)　眉清見底　知遇愈隆　掌握財權　身心健適　太陽(卅五)至少陰(四十)　眼神欠足　且眼皮時開時合　殊不足取。山根(四二)至廷尉(五十)穹隆巍峙　爲一生最旺之運。不僅位躋特任　大展經綸。且經驗既深　作事有定見　秉政定多建設　名利雙輝　老當益壯　餘運平淡　晚景尚佳。

方仁元

人爲金形　眉目秀澈　掌宮八卦平滿　離宮稍陷。富勝于貴也　主爲人善交際。重言諾　精於理財　金木二星　輪廓明潤　幼年頴悟。克享父蔭　天中(十五)至中正(廿五)　天庭骨及日月角骨峙立　行運暢達　邱陵(廿六)至山林(卅)　驛馬骨豐滿。印堂平闊　嶄然露頭角　淩雲(卅一)至彩霞(卅四)。眉帶彩色。際遇日隆　升遷迭見。太陽(卅五)至少陰(四十)　目秀而少神　且奸門稍陷。縱有特殊之發展。

亦防意外之失敗、山根(四一)至廷尉(五十)。鼻準挺直、兩顴與土星相匹、此十年中、鬪智爭時、鑄山潤屋、財權并旺、人中(五一)至承漿(六一)。倉庫平滿、虎耳亦起、水星端正、行運極順、地庫(六二)以後、下停尚豐滿、晚景亦佳。

范　鎧

肥圓肉重。氣靜色立、得水形之眞也。掌生金井紋、主爲人才識深宏、胸襟遠大。機警應變、洵不多見。論其行運。兩耳無廓無珠、幼多刑尅。天中(十五)至中正(二五)、髮際低壓。天庭氣未能透、似無足取、邱陵(二六)至山林(卅)。驛馬不豐、印堂深陷、不僅瑾瑜隱瑕、懷才莫展、且廿八歲、刑傷破耗、憂患重重、凌雲(卅一)至彩霞(卅四)。眉濃帶采、際遇日隆、漸入佳境、太陽(卅五)至少陰(四十)、眼神蘊蓄、有鐘鶴冲天之象、財運亦甚暢旺、惟卅九歲奸門略陷、稍形駁雜。山根(四十一)至廷尉(五十)。鼻如懸胆、敦厚隆突、此十年中。或則留侯借箸、劉晏理財。或則鬪智爭時。鑄山潤屋、極一時之盛、人中無鬚。仙庫略短。故五十一至五十三歲、宜勇退、食倉(五十四)。至承漿(六十一)、部位豐滿、行運仍順、尤以五十八九兩年、班崇秩厚、霖雨蒼生、爲世所重、六十二歲以後、地庫較遜、克引

檢年

克希克圖

天庭圓突。眉目清秀　地閣朝拱　掌生奇紋　主爲人善策略。重信義　論其行運　兩耳長大貼肉　克享父蔭　天中（十五）至中正（廿五　天庭骨降闊　邊城骨屹立　宜其負笈東瀛　才華卓越　邱陵（廿六）至山林（卅）　驛馬豐廣　故能列身議院　多所發揚　凌雲（卅一）至少陰（四十）　眉目得中停精采　行運極順　山根（四一）至廷尉（五十）　鼻樑挺直　兩顴低平　瑕瑜互見　人中（五十一）至地庫（六十三）　鬚清色潤。地閣朝拱。仍可振作有爲

魏志忠　英人

鼻準降厚　地閣朝拱　掌宮巽卦生單魚紋　亦多可取　論其行運　兩耳明瑩　天庭降突。驛馬豐廣　故（卅）以前　克承父陰　行運甚順　凌雲（卅一）至少陰（四十）。眉尾疎散　眼頭露肉　奸門深陷　殊無足取　故僅爲傳道牧師而已　山根（四

十一）至法令（五十七） 土星得兩顴拱輔 上髭清細色潤 故能襄理樞政 偏位客卿 財運極旺 五八至六十歲 虎耳骨不起 口唇欠厚 故辭職歸國 承漿奴僕（七三） 下停極豐 妻榮子貴，福壽雙全

祝開福 英人

天庭豐隆 眉目清秀 掌宮八卦不滿 主為人富於理想 學問淵博 念故舊 重人材 洵不多見 兩耳闊大圓明 克享祖蔭 天庭（十九）至山林（卅） 金城骨隆起 學業銳進 惜驛馬稍狹 美中不足 凌雲（卅一）至彩霞（卅四） 兩眉低壓 亦未見佳 太陽（卅五）至陰少（四十） 目秀神足 漸入佳境 山根（四十一）至廷尉（五十） 顴勢拱輔 此十年中 一帆風順 為吾國客卿 財權兩旺 人中（五十一）至法令（五十七） 鬚清色潤 位益隆崇，身心安逸，五十八歲虎耳骨不起，似

見駁雜。六十歲口齒不齊。亦無足取。六十二至六十七歲。地庫尙朝。晚景尙順。

船津文雄 日人

眉宇軒朗。目神蘊蓄。顴鼻拱輔。地閣相朝。掌宮三峯高聳。主爲人心田仁厚。才識宏富。重人才。愛汲引。人所不及。兩耳長大貼肉。天庭圓滿。故廿五歲以前。克享上人餘蔭。行運極順。邱陵(廿六)至山林(卅)。印堂平闊。驛馬豐盈。際遇日隆。故爲外交官。凌雲(卅一)至少陰(四十)。眉目秀澈。權位益隆。山根(四十一)至廷尉(五十)。三星相聚。扶搖直上。所至從心。惟精光欠豐。蘭廷稍露。刦財極重。人中(五十一)至奴僕(七十三)。上髭清細色潤。下停地閣尤朝。廿餘年中。財權兩旺。子貴孫榮。

邵飄萍

目肖熊眼。熊眼必無善終。故一生風險極大。卒死非命。非命運之定數歟。論其行運。兩耳輪廓明瑩。幼多聰慧。天庭圓突。司空平滿。故克蜚聲黌序。見重青矜。惜印堂稍陷。兩眉互鎖。廿八歲定見波折。凌雲(卅一)至彩霞(卅四)。眉雖清細。惜眉尾疎散。三十三四歲復多危險。太陽(卅五)至少陰(四十)。熊眼藏煞。財運雖

旺　實爲厲階　且四十一歲山根現直紋　兩眼之煞對射　必死無疑　神相陳梅者
與邵友善　時以此意警告　惜未能明哲保身　益信部位有奇驗焉

張　鵬

面似金形　鼻準隆實　金木二星　輪廓明潤　幼運平穩　天中(十五)至中正(廿五)
天庭及日月角骨平滿　主早登仕版　際遇漸順　邱陵(廿六)至山林(卅)　印堂平
闊　驛馬欠豐　瑕瑜互見　凌雲(卅一)至少陰(四十)　兩眉清而見底　眉尾下垂。
目光稍形混濁　官星雖旺　財則不足　山根(四一)至準頭(四八)　兩顴環抱土星
中停氣極雄厚　不難位躋特任　惜山根及精舍(四二)光殿(四三)深陷　且兩眉下垂
之煞　反照精光　故四十一歲至四十三歲　不僅破財　且防意外險象　過此大貴。

民國十六年十一月出版

著作者　碧湖鷗客
印刷者　京師大學出版課
發行者　邱祖胡同四十陸號
　　　　怡廬
寄售者　京滬各書局

定價大洋伍元正

占筮類			
1	擲地金聲搜精秘訣	心一堂編	沈氏研易樓藏稀見易占秘鈔本
2	卜易拆字秘傳百日通	心一堂編	
3	易占陽宅六十四卦秘斷	心一堂編	火珠林占陽宅風水秘鈔本
星命類			
4	斗數宣微	【民國】王裁珊	民初最重要斗數著述之一；未刪改本
5	斗數觀測錄	【民國】王裁珊	失傳民初斗數重要著作
6	《地星會源》《斗數綱要》合刊	心一堂編	失傳的第三種飛星斗數
7	《斗數秘鈔》《紫微斗數之捷徑》合刊	心一堂編	珍稀「紫微斗數」舊鈔
8	斗數演例	心一堂編	秘本
9	紫微斗數全書（清初刻原本）	題【宋】陳希夷	斗數全書本來面目；有別於錯誤極多的坊本
10–12	鐵板神數（清刻足本）——附秘鈔密碼表	題【宋】邵雍	無錯漏原版 秘鈔密碼表 首次公開！
13–15	蠢子數纏度	題【宋】邵雍	蠢子數連密碼表 打破數百年秘傳 首次公開！
16–19	皇極數	題【宋】邵雍	清鈔孤本附起例及完整密碼表 研究神數必讀！
20–21	邵夫子先天神數	題【宋】邵雍	附手鈔密碼表 研究神數必讀！
22	八刻分經定數（密碼表）	題【宋】邵雍	皇極數另一版本；附手鈔密碼表
23	新命理探原	【民國】袁樹珊	子平命理必讀教科書！
24–25	袁氏命譜	【民國】袁樹珊	
26	韋氏命學講義	【民國】韋千里	民初二大命理家南袁北韋
27	千里命稿	【民國】韋千里	
28	精選命理約言	【民國】韋千里	北韋之命理經典
29	滴天髓闡微——附李雨田命理初學捷徑	【民國】袁樹珊、李雨田	命理經典未刪改足本
30	段氏白話命學綱要	【民國】段方	民初命理經典最淺白易懂
31	命理用神精華	【民國】王心田	學命理者之寶鏡

32	命學探驪集	【民國】張巢雲	發前人所未發 稀見民初子平命理著作
33	澹園命談	【民國】高澹園	
34	算命一讀通——鴻福齊天	【民國】不空居士、覺先居士合纂	
35	子平玄理	【民國】施惕君	
36	星命風水秘傳百日通	心一堂編	
37	命理大四字金前定	題【晉】鬼谷子王詡	源自元代算命術
38	命理斷語義理源深	心一堂編	稀見清代批命斷語及活套
39-40	文武星案	【明】陸位	失傳四百年《張果星宗》姊妹篇 千多星盤命例 研究命學必備
相術類			
41	新相人學講義	【民國】楊叔和	失傳民初白話文相術書
42	手相學淺說	【民國】黃龍	民初中西結合手相學經典
43	大清相法	心一堂編	重現失傳經典相書
44	相法易知	心一堂編	
45	相法秘傳百日通	心一堂編	
堪輿類			
46	靈城精義箋	【清】沈竹礽	沈氏玄空遺珍 玄空風水必讀
47	地理辨正抉要	【清】沈竹礽	
48	《玄空古義四種通釋》《地理疑義答問》合刊	沈瓞民	
49	《沈氏玄空吹虀室雜存》《玄空捷訣》合刊	【民國】申聽禪	
50	漢鏡齋堪輿小識	【民國】查國珍、沈瓞民	
51	堪輿一覽	【清】孫竹田	失傳已久的無常派玄空經典
52	章仲山挨星秘訣（修定版）	【清】章仲山	章仲山無常派玄空珍秘 門內秘本首次公開 沈竹礽等大師尋覓一生末得之珍本！
53	臨穴指南	【清】章仲山	
54	章仲山宅案附無常派玄空秘要	心一堂編	
55	地理辨正補	【清】朱小鶴	玄空六派蘇州派代表作
56	陽宅覺元氏新書	【清】元祝垚	簡易・有效・神驗之玄空陽宅法
57	地學鐵骨秘 附 吳師青藏命理大易數	【民國】吳師青	釋玄空廣東派地學之秘
58-61	四秘全書十二種（清刻原本）	【清】尹一勺	玄空湘楚派經典本來面目 有別於錯誤極多的坊本

91	地學形勢摘要	心一堂編	形家秘鈔珍本
92	《平洋地理入門》《巒頭圖解》合刊	【清】盧崇台	平洋水法、形家秘本
93	《鑒水極玄經》《秘授水法》合刊	【唐】司馬頭陀、【清】鮑湘襟	千古之秘，不可妄傳匪人
94	平洋地理闡秘	心一堂編	雲間三元平洋形法秘鈔珍本
95	地經圖說	【清】余九皋	形勢理氣、精繪圖文
96	司馬頭陀地鉗	【唐】司馬頭陀	流傳極稀《地鉗》
97	欽天監地理醒世切要辦論	【清】欽天監	公開清代皇室御用風水真本
三式類			
98－99	大六壬尋源二種	【清】張純照	六壬入門、占課指南
100	六壬教科六壬鑰	【民國】蔣問天	由淺入深，首尾悉備
101	壬課總訣	心一堂編	過去術家不外傳的珍稀六壬術秘鈔本
102	六壬秘斷	心一堂編	
103	大六壬類闡	心一堂編	
104	六壬秘笈——韋千里占卜講義	【民國】韋千里	六壬入門必備
105	壬學述古	【民國】曹仁麟	依法占之，「無不神驗」
106	奇門揭要	心一堂編	集「法奇門」、「術奇門」精要
107	奇門行軍要略	【清】劉文瀾	條理清晰、簡明易用
108	奇門大宗直旨	劉毗	天下孤本　首次公開
109	奇門三奇干支神應	馮繼明	虛白廬藏本《秘藏遁甲天機》
110	奇門仙機	題【漢】張子房	奇門不傳之秘　應驗如神
111	奇門心法秘纂	題【漢】韓信（淮陰侯）	
112	奇門廬中闡秘	題【三國】諸葛武候註	
選擇類			
113－114	儀度六壬選日要訣	【清】張九儀	清初三合風水名家張九儀擇日秘傳
115	天元選擇辨正	【清】一園主人	釋蔣大鴻天元選擇法
其他類			
116	述卜筮星相學	【民國】袁樹珊	民初二大命理家南袁北韋
117－120	中國歷代卜人傳	【民國】袁樹珊	南袁之術數經典